JN169438

お買い物の本能で
広告をつくる。

Be customers. Be specialists.
Be entertaining.

Depart.
クリエイティブディレクター
髙橋宏之

Depart.

— is a creative brand focused on five major categories:
food, fashion, lifestyle, beauty and music.

— develops effective creative strategies that invigorate people,
products and events with bold action, fresh angles and unusual approaches.

— employs a unique work style to approach projects on a case-by-case basis,
forming a special unit and outsourcing expert advisors.

Depart.

B 1

PROLOGUE

Depart.

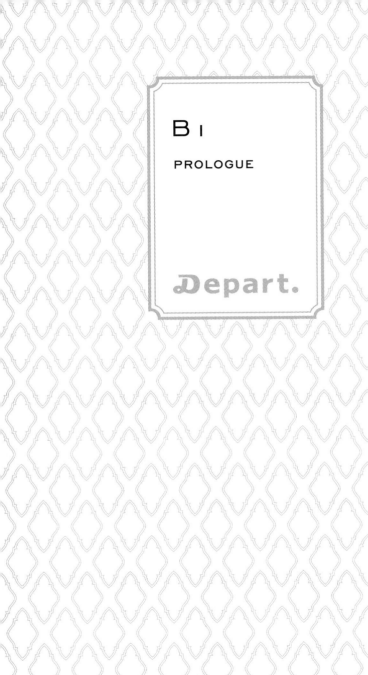

広告的に誕生した、Depart.

Depart. は、広告をつくるようにして生まれたブランドです。

広告のようなブランドであり、広告をつくるブランドです。

そして、その名前には「Departure.（出発する）」という意味が込められています。

Depart. の出発点は、僕が勤めている広告会社、東急エージェンシーからの「新しいクリエイティブブランドを立ち上げる。その代表をやってくれないか？」というオファーでした。そのプロジェクトの狙いは、従来の広告業界のやり方にとらわれず、クリエイター自らのアイデアで新たな広告クリエイティブを開発し、ビジネスを創造することでした。

昨今、広告を取り巻く環境は、あちこちで言われているように、本当に劇的に変化しています。身の周りにスマートフォンをはじめとした、便利なモバイルデバイスが溢れ、ソーシャルメディアの浸透などによって、接触するメディアの環境は大きく変わり、僕たちと世の中の接点は驚くほど多様になりました。その結果として、テレビCMを中心としたマス広告主導で築き上げられてきた広告ビジネスにも劇的な変化が求められ続けているのです。

広告業界内では、目新しい〝カタカナ言葉〟が生まれるたびにブームが巻き起こります。そして、古くなった言葉や思想は時代と共に忘れ去られて行く。そんなことの繰り返しです。

誰も忘れたいわけではありません。忘れなければならないほどに、次から次へと新しい変化が訪れては消えていく時代なのです。

そうしていつしか、僕たち広告会社は、「広告とは何か」を自らで考え出さなければ、広告がつくれなくなっていきました。そんな状況の中で「クリエイター・ドリブン」の広告づくりで新しい広告ビジネスを創造する——聞いてみるとカッコいいものです。

「面白いな」と思った反面、当時の僕は、毎日増え続ける、クライアントの仕事に追われている状況でした。「新しい組織を作って、クリエイティブブランドを立ち上げる」なんて大がかりなオファーに向き合う余裕もなく、そもそも自分自身、いわゆる起業志向のない人間です。ワクワクする未来の変化より、目の前の安定を求めてしまうタイプなのです。

さらに、もうひとつ困ったことに、そんな僕が唯一大切にしてきたのが「仕事を断らない」ということだったのです。自分に来た仕事は基本的に全て引き受ける。自分の後ろにボールは渡さない。これは僕が会社員というより、仕事人として大切にしてきたことです。だから会社からの申し出も、もちろん断るわけにはいかないのです。

「どうしたものか」と、赤坂見附の眠らないビルの灯りを見つめながら、毎日考えていました。

するとある日、ふと、

「クリエイティブディレクターとして、このプロジェクトを引き受けることはできないだろうか？」

と思い立ちました。新しい組織をつくって広告業界を変えるという、自分にとって慣れないことを、クリエイティブディレクターとしての、慣れ親しんだ方法で実現したいと考えたのです。

僕が普段クリエイティブディレクターとして請けているのと同じ方法で、自社のブランディングに関わる仕事ができたら面白いですし、そうした方が、手を動かして広告をつくっていくのが好きな僕は、自分らしさを出しやすい。

僕は自分が所属する会社を相手に、まるで広告でもつくるように、新しいブランドを提案しようとしたのです。

こうして、広告づくりの新しい出発点となるような、ユニークなクリエイティブ事業を生み出すことそのものを、東急エージェンシーの自社ブランディングとする組織、Depart. が誕生したのです。

だから今の僕の名刺の肩書には、「代表」ではなく、Depart. の「クリエイティブディレクター」と書かれています。

クリエイティブの「専門店」を目指して

もうひとつの Depart. のお話をします。この新しい組織が Depart. と名づけられたことには、僕の前職の会社が「伊勢丹」だったことも関係しています。百貨店で仕事をしてきた経歴、そして僕自身のクリエイティブディレクションに「売り場起点」、「エンドユーザー起点」が多いことから、この名前を選びました。

伊勢丹での僕の持ち場は、地下の食品売り場。昨今、多くの女性に人気の「デパ地下」

でした。毎日、多くのお客さまが訪れる売り場に立ち、商品を仕入れ、品出しをして、前年の売上とにらめっこして一喜一憂し、ときには自分の名前を覚えていただいたお客さまに、「これ、美味しいのにお買い得よねー」と、嬉しい言葉をかけられる。それが僕の日常でした。

伊勢丹は、徹底的にお客さまと向き合って仕事をしていく会社でした。そして僕は、そんな伊勢丹が大好きでした。

広告会社に転職してきてから、ことさら百貨店出身であることを、意識して業務に向き合ってきたわけではありません。しかし、クリエイティブディレクターとして広告の仕事に携わる中で、自分の着眼点やアイデアの源泉が、売り場でお客さまと向き合ってきた経験に基づいていることは認識していました。

また、いろんなバックグラウンドを持つ人々が関わっている広告業界とはいえ、商品を仕入れ、販売や在庫管理まで行い、お客さまが訪れる「売り場」に毎日立ち続けてきた経歴を持つクリエイティブディレクターは、そうはいない。〝元百貨店〟の経歴は、自分にとっての強みであるとも感じていました。

Depart.プロジェクトに着任した僕は、まず、どうやって仕事を動かしてゆくべきかを具体的に考えるため、扱うクリエイティブの専門領域を決めることにしました。とっかかりとして、僕が受けてきた過去の仕事内容を書き出してみると、「フード」、「ファッション」、「ライフスタイル」、「ビューティー」、そして「ミュージック」に分けることができました。

これら5つの専門領域は、百貨店のフロアガイドになぞらえることができます。そうしたことからも、名前はやはりDepart.であるべきでした。

さらにクリエイティブ開発の仕組みそのものにも、伊勢丹時代に培った手法を応用しています。

あまり知られていませんが、伊勢丹にはシンクタンクとして「伊勢丹研究所」という

Depart.

Depart.

– IS A CREATIVE BRAND FOCUSED ON FIVE MAJOR CATEGORIES: FOOD, FASHION, LIFESTYLE, BEAUTY AND MUSIC.

ものがありました。さまざまなジャンルの研究者や専門家によって構成されるこの研究所は、売り場の目線からは見えてこない伊勢丹の価値や、最新の市場トレンドの分析・提案を行うところでした。

ただ売れるものを並べるのではなく、新しい文化を創造していくことも百貨店の使命です。伊勢丹は、その使命を忠実に果たし、大きな成功をおさめてきた百貨店だと思います。

この独特な伊勢丹の仕組みを広告のクリエイティブにも生かせないかと考え出したのがDepart.の「スペシャルアドバイザー」という仕組みです。

たとえば、フード関連のクリエイティブをつくるとき、同じ広告会社の専門スタッフ同士が顔をつき合わせて臨むのではなく、社外の専門家や研究者をアドバイザーとして制作チームに加えるのです。食品に特化したマーケティングリサーチャーや、人気シェフ、フードライターなどに参加してもらい、実際にクリエイティブをつくっていく。

ひと昔前の一般的な広告の仕事であれば、広告会社のマーケッターが「市場動向をふまえた今回のコンセプトはこちらです」と1枚の企画書を僕たちクリエイターにパスする。そして僕たちはクリエイティブのコンセプトを出し、ソリューションを提案していました。

しかし、そうした広告づくりで成果を出せたのは昔の話です。今は多くの企業が自社で優れたマーケティング機能を備えているため、広告会社が出すマーケティング・コンセプトにも、より一層の工夫が求められているわけです。

ここにクリエイティブの〝専門店〟となれるようなチーム体制で挑むことで、風穴を空けてみようというのが、スペシャルアドバイザーという仕組みなのです。専門家のリアルな経験や知識に、クリエイターのアイデアをかけ合わせることで、新たな着眼点やストーリーを生み出し、独自のクリエイティブを誕生させようというわけです。

この仕組みを動かすためには、とにかく有識者の方々を口説かなければなりません。

僕はさっそく、考えていることをまとめたビデオをつくり、アドバイザーになってほしい人、つまり自分がいっしょに仕事をしたい人に直接会って、話をしていきました。

最初は「こんなアイデアを受け入れてくれるだろうか?」と思っていたのですが、案外みんな面白がってくれました。有識者や研究者の方々は広告のプロではないけれど、自分の専門領域には誰よりも詳しく、伝えるモチベーションもある。僕が〝翻訳家〟になることで、彼らは自分たちの強みを生かした、新しい形で広告の仕事に関わることができ、良い刺激になるという感想をいただきました。

そうして形になったDepart.のスペシャルアドバイザーには、バラエティ豊かな業界の有識者の面々が並びました。料理評論家、ソムリエ、雑誌編集者、レストラン経営者、スタイリスト、ヘアメイク、建築家…みなそれぞれの業界の第一線で活躍されている方ばかりです。

Special Adviser

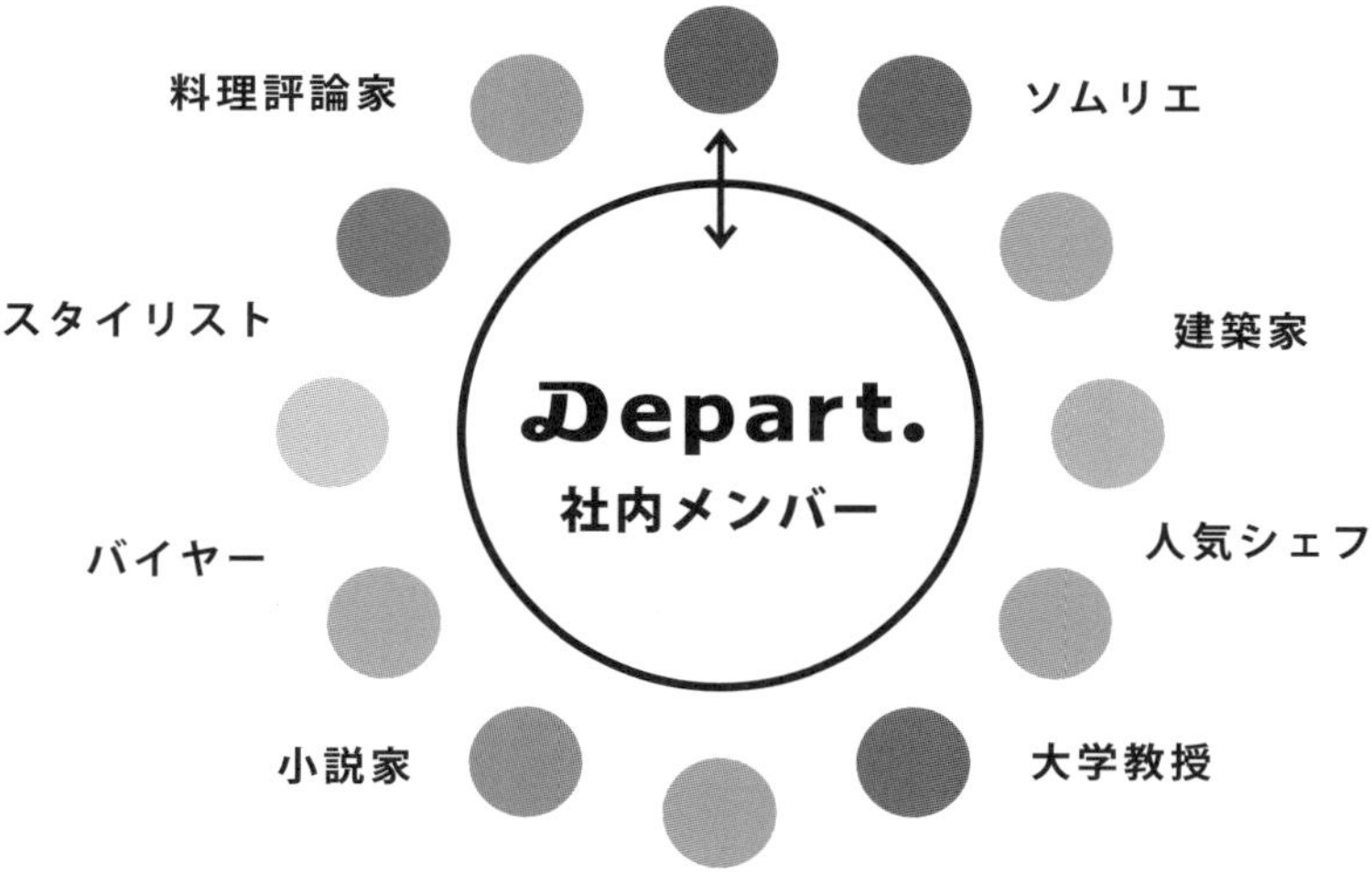

Depart.

— EMPLOYS A UNIQUE WORK STYLE TO APPROACH PROJECTS ON A CASE-BY-CASE BASIS, FORMING A SPECIAL UNIT AND OUTSOURCING EXPERT ADVISORS.

また、Depart. のような少し実験的な組織や会社は、広告賞の獲得やイノベーティブな事例を生み出すことに特化しがちになります。たとえてみれば広告市場の中で注目されやすい、〝とがったことをやる〟特殊工作部隊です。もちろんそれは素晴らしいスタイルだと思うのですが、お付き合いしているクライアント全てがそうしたことを求めているわけではないことを、僕は経験から知っています。

多くのクライアントが最も大切にしていることは「きちんと売上を増やす」ということです。僕たちはユニークでイノベーティブな取り組みを進めながらも、必ずこのクライアントの視点を忘れません。

美しい内装に、美しい店内ディスプレイが施されている百貨店ですが、それは決して特権階級しか入れない宮殿ではありません。入り口を通れば誰であっても、全員が百貨店のお客さまです。僕たちDepart. も、そう在りたいと思っているのです。

1F

「スクラップ＆ビルド」の広告術

Depart.

第1章では、百貨店の仕事と広告の仕事の交差点をクリエイティブに活かすDepart.の試みを、より具体的にお伝えしたいと思います。

百貨店には「バイヤー」という役職があります。彼らの仕事は、いわば〝商品棚の編集人〟。売り場のコンセプトを考え、外部のメーカー担当者、生産者や卸業者と商談し、商品を購入し、売り場を設計することが仕事です。ついつい衝動買いしてしまったり、誰かに言いたくなるような企画力のある百貨店の商品棚の裏には、必ず彼らの仕事があります。

彼らのミッションは、「売れるものを売る」こと。彼らはターゲット、季節、トレンドなどさまざまな視点を採り入れた商品棚をつくり、おなじみの百貨店の風景をつくっていきます。こうした商品群や品揃えのことを「マーチャンダイジング（MD）」と呼びます。

売れると思って置いてみたものの、さっぱり売れないこともあれば、「そんなものを置いても実際は全然売れない」、「もっと安いものを置いたほうがいいだろう」と思われるような商品でも、視点を変えれば、置いてあることで店のブランドづくりに大きく貢献していたりする。売り場は大自然のように不思議で、気まぐれです。

そんな売り場に立つ百貨店のバイヤーやマネージャーたちは、毎日、毎時間「前年の自分」と戦っています。自分が担当する売り場において、前年につくった売上を、どのように超えていくか。彼らはその試行錯誤に明け暮れるのです。伊勢丹から広告会社へ転職し、現在はDepart.の代表になった今も、僕はどことなく売り場に立っているような気持ちで仕事をしています。

その大きな理由のひとつにバイヤーの仕事がクリエイティブディレクターの仕事と、とてもよく似ている、ということがあります。

バイヤーの仕事はお客さまの欲しいものを商品棚に並べることと、並べたものをお客さまに「欲しがってもらう」ことです。ただ売れるものを並べるだけなら、売り場の購買データである「POSデータ」のトレンドを機械的に追いかけていれば事足ります。それだけでなく売り手のプロとしてのアイデアや戦略によって、お客さまにお買い物の楽しさを見つけてもらえるような提案型の棚をつくることが、バイヤーの大きな仕事です。

そして、クリエイティブディレクターの仕事は、クライアントが売りたいものを消費者、つまり「エンドユーザー」に欲しがってもらえるよう、コミュニケーションを考えること。売り場での戦い方はきっと参考になるはずです。

百貨店の戦い方「スクラップ&ビルド」

好景気の時ならまだしも、ここ最近の日本の景況では、いずれの百貨店も毎年適切な施策を打たなければ売上は下がり調子です。売上の右肩は、叩かなければ上がらない時代です。

たまには大胆な賭けに出る勝負もあります。しかし、外した時の責任や失敗を考えると、そればかりでは立ち行かなくなります。販売はギャンブルではないのです。それゆえバイヤーの戦略には「対前年比で大負けしないこと」がまず求められます。

「ずいぶん保守的だな」と思われるかもしれません。この百貨店バイヤーの戦い方が教えてくれる教訓は「勝つためには負けなければ良い」ということです。そんな彼らの戦い方の代表的なメソッドが「スクラップ&ビルド」です。

スクラップ&ビルドとは、定番のMDの中から、人気が下がった商品を「スクラップ(scrap =捨てる)」し、そこに新しく人気が出ることが期待される商品をテコ入れとして「ビルド(build =新しく構築する)」するMDの戦略です。

たとえば、百貨店などで時折開催される短期間の催事のMD戦略を考えてみます。代表的なものは、日本各地の名産品を取り揃え、ワンフロアいっぱいをつかって開催される「〇〇物産展」です。

物産展は、定番の名物を楽しみにやってくるお客さまでごったがえします。京都物産展であればお茶やお漬物、沖縄物産展であれば、もずくに黒糖、海ぶどうなどが並びます。しかし、定番だからといって毎年同じMDで似たような商品棚をつくっていると、売り場は自然と飽きられ、新しいお客さまに来てもらえなくなり、衰退します。

物産展は、だいたい毎年同じ季節に同じ期間で行いますから、定番商品が並ぶ中にも何か新しさがなければ飽きられてしまうのです。


そこでバイヤーたちはスクラップ&ビルドのMD戦略を使います。手順としては、まずMDを「継続」と「入れ替え」で、一定の比率になるように分けます。「継続」は、人気商品と経過観察の商品です。「入れ替え」は、売れない商品であり、これらをスクラップとします。そこに売上を伸ばせる見込みのある新規MDをビルドするのです。

こうしてスクラップにしたMDの前年売上を、新しくビルドしたMDの売上で上回ることができれば、全体として前年の売上を超えられることが多いのです。

スクラップ&ビルドには、いわゆるMDの〝模様替え〟効果も期待できます。つまり新しくビルドされたMDによって、売り場がさも模様替えしたかのように見えるわけです。これが新しい顧客を呼び込み、継続分のMDも、売上上昇が期待できるのです。さらに、継続分のMDについていた顧客も、新たなMDに新しさと魅力を感じて手を伸ばし、売上増加に貢献します。こうして売り場全体での売上が上昇していくのです。

スクラップ&ビルドの対象となるMDのセレクトには、バイヤーのセンスが問われます。鮮度の高い情報を分析して把握した世の中のトレンドに、新しいアイデアを武器に挑み、結果を出すことが求められているのです。

スクラップ&ビルドする比率が大きければ大きいほど、外した時のリスクが生まれます。その分、当たれば見返りも大きくなります。このバランスをどう設定するかが、バイヤーの腕の見せどころと言えるでしょう。

「北海道物産展」と耳にすると、どんなものが並んでいるのかがすぐにイメージできるものです。六花亭のマルセイバターサンド、ロイズのチョコレート…訪れるたびに最初に目に留まるのはそうした定番商品です。でも、何度か足を運んだ人は、そうした定番商品はもちろん、毎回新しい発見をして買い物を楽しんできたのでしょう。それは物産展のバイヤーの、スクラップ&ビルドがうまくいった結果なのかもしれません。

催事以外のファッションや食品、ライフスタイル、化粧品でも同じです。百貨店のバイヤーやセールスマネージャーは、売り場のパソコンを叩けばすぐに出てくる昨年の売上と、毎年、毎月、毎日、さらには毎時間戦いながら、スクラップ&ビルドを行っているのです。それに呼応して必ず、自分やチームで取り組んだ施策の結果が毎年、毎月、毎日、毎時間ごとに現れてくる。これが売り場での、「去年の自分を超える」ための戦いです。

こうした「勝つためには負けなければ良い」バイヤーの戦略が、あの美しく、楽しい商品棚の裏側で絶えず繰り広げられているのです。

「変えないこと」の価値

スクラップ&ビルドは、言い換えれば売り場において、「変えないこと」と「変えること」を同時に考えるプロセスです。それは僕が広告会社のクリエイティブディレクターになった今、クライアントから企業ブランディングや、新たな商品・サービスについてご相談いただいた際、最初に考えるようにしています。百貨店の仕事は、物事を変えるときは、変えないことの見極めも同じくらい大切だということを僕に教えてくれたのです。

みなさんはテレビCMなどを見ていて、突然ブランドや商品の広告イメージが大きく変わったように感じたことがないでしょうか？　新しいタレントが起用され、音楽や世界観もガラリと変わり、大衆的に愛されていたはずのブランドが、急にスタイリッシュなイメージ作りをしたりする。

こうした変化は、何らかの理由で商品戦略が変わり、その変化に合わせてコミュケーション戦略や表現戦略が大きく変わった結果なのです。

その背景にはさまざまな事情があります。クライアントと広告会社の関係が変わったり、クライアントの商品担当や宣伝担当が変わったり。最近では外資系企業に買収されて経営母体が変わる、などの事情が広告会社やスタッフの変化と掛け合わされることで、広告の大きな変化となって現れることもあります。

クライアントも広告会社の担当者が変われば新しいことをやりたくなります。また、広告会社のクリエイティブのスタッフも新しく変われば、前作とは違った新しいアイデアを試してみたくなる。コミュニケーションの仕事を行っている以上、クライアント企業にも、広告会社にも、変化を好む傾向があります。

エンドユーザーに飽きられないように、ブランドのコミュニケーションを変えていくことは大切です。しかしその変化は、そのブランドや商品の「変えないこと」や「守るべきこと」に裏打ちされているかどうかで大きく価値が左右されると僕は思うのです。

広告業界で使われる言葉のひとつに、「クリエイティブジャンプ」という言葉があります。広告制作の過程の中で、マーケティング戦略の構築から、クリエイティブ開発へとバトンが渡され、いざアウトプットを生み出す段階になって、非常にユニークなアイデアや表現手法で、その広告の印象度を大きく変化・飛躍（ジャンプ）させることに成功できた場合に使われる言葉です。クリエイティブジャンプという言葉は、クリエイティブのアイデアを賞賛する、良い意味で使われる一方で、クリエイティブの力だけでジャンプすることを揶揄して使われることもあります。たとえば、目新しい奇抜さだけを追い求めてしまったり、商品戦略との合致性を無視し、ただ話題を呼ぶことだけに、目標が偏ったりする広告がそうです。

クリエイターの独創性によって生み出されるクリエイティブジャンプは、ときには商品・ブランドのイメージを刷新し、新規顧客の開拓を促したりできる長所があります。しかしその一方で、その変化が表現上のものだけに留まってしまい、エンドユーザーへ伝えるべき商品の本質的価値を伴っていないことも度々あります。つまり〝広告のための広告づくり〟を行なってしまうということです。

見た目がキャッチーになったりすることで、エンドユーザーの目にとまることもありますが、それまでに築いてきたブランドの本質的な価値、またはファンの存在を軽視してしまい、ブランドそのものの低迷を招いてしまうこともあるでしょう。

それにクリエイティブジャンプを魔法の言葉のように解釈して、クリエイターの感性にブランディング戦略の全てを委ねてしまうことは、スクラップ&ビルドの視点から見れば、全てを「変えること」になってしまう状況です。百貨店で言えば、商品棚から去年売上が良かった商品も何もかもを取り替えて、新しい売り場をつくってしまうようなものです。

それは、成功と失敗が大きく左右される、ハイリスクなゲームであることを忘れてはならないと感じます。

広告の「変えない計算」

広告には変化が求められますが、その変化が、普遍的なブランド価値を壊してしまっては、元も子もありません。正しく広告を変化させるためには、まず、変えない部分を明確にする「変えない計算」が大切です。この計算は、クリエイターの能力を適切に引き出すために、クリエイティブディレクターが行うべき最も重要な作業だと僕は思います。

広告をかたちづくる大きな要素として「What to say（何を言うか）」と「How to say（どのように伝えるか）」があります。これらをしっかり掴むことで、広告のどこを変えずにおくべきかを計算できるようになります。

まずWhat to sayは、いわば広告するブランド・商品の「価値の切り出し方」です。商品やブランドが、広告を通じて〝自己紹介〟をするときに、世の中や市場にどんな「価値」として切り出せば、多くのお客さまの求める価値になるのかを考える視点です。広告業界では、広告のコンセプトやコピーの言葉自体に新しさを追求しがちになりますが、大前提は、しっかり市場を分析し、ターゲットを選定し、いかに正しく自らの価値を自己紹介することです。

How to sayは、ブランド・商品の価値をどのように伝えるかの「話法」や「表現」の設計です。たとえば好きな人にプロポーズする時のことを思い描いてみましょう。自分にとって大好きな人のことを自分が愛しているということ。これがWhat to sayです。

しかし、いくら好きだからといっても、「愛している」という、ありきたりな台詞をただ繰り返すプロポーズでは、勝算は低いものです。そこでHow to sayを考えます。プロポーズをする場所などの設定、自分の「好き」をどんなストーリーで伝えればいいか、それらの演出をサポートするプレゼントは何が良いか…これらが相まって初めて、いいプロポーズができるというものです。

では実際に、広告でどのようにしてWhat to sayとHow to sayを意識し、変えない計算をしてゆくか、お話ししたいと思います。

何を変えないかを計算するためには、ときにクライアントの担当者よりもその商品・ブランドのことを好きになる必要があります。思い切り好きにならないと、商品・ブランドの、変えてはいけない部分、つまり本質的価値が見えてこないことがあるからです。そうしたときにこそ、僕は百貨店で身につけた姿勢を大切にしています。つまり「答えは売り場にある」です。全てを知っているのはエンドユーザーだということです。

僕は広告する商品を預かったら、その商品が売られている、実際の売り場で眺めてみて、売り場の人に話を聞くこともあれば、エンドユーザーの声を集めたりもします。そして可能な限り、どんな商品でも自分で購入し、自分の生活の中に置いて、さまざまな方法で触れてみることにしています。自宅で味わい、さらにその商品を通して広告の制作メンバーはもちろん、家族や友人と会話をします。こうして少しずつエンドユーザーから見た、その商品の本当の価値を自分の中に落としこんでいくのです。

こうしたプロセスを通して、少しずつ商品・ブランドの本質的価値に近づきながら

What to sayを掴んでいきます。

その際、「変わらない良さ」とは何かを考えることもヒントになります。この場合の「変わらない」ということは「時代とともに変化し、同じ価値であり続けている」ことです。無変化のまま古びてしまっている価値とは異なります。

ちなみに百貨店は常に変化してゆくことが求められます。少しずつであっても、絶えず変化する。「変化している」ということが、存在価値になるのです。来るたびに古くなっていくような売り場にお客さまは期待をしません。お客さまと未来にわたって繋がり続けるためには、変化し、新しくあり続けることも、百貨店にとっては「変わらないこと」「相変わらずなこと」なのです。

このように、クリエイティブディレクターは、常にニュートラルな立場で、ひとりのエンドユーザーとしてクライアントからの製作依頼を聞くように心がけ、その上で変えるべきことと、変えないことを、しばしば泥臭く整理することが大切な仕事です。

商品を預かって机の上で「うーん」とにらめっこして、フッと閃きを得て大成功、なんてクリエイティブディレクター像はかっこいいのですが、現場に長い間いるとそうしたことは幻想だということに気づかされます。

What to say が明確に定義できるほど、How to say の戦術性も高まります。どんな話法で伝えるのがベストなのかを、ターゲットの年齢層、志向、情報感度などを丁寧に調査し、伝え方を模索していきます。

How to say を考える時は、時代の変化に流されないコミュニケーションの事例を見てみることがヒントになります。たとえばＪＲ東海の「そうだ 京都、行こう。」のように、同じメッセージやフレームでコミュニケーションを続けているようなものが好例です。時代が変化しても、良い意味でコミュニケーションが変わらない広告は、本質的価値を正しく見定め、ブレずに伝えられているのだと思います。「京都」という地域の本質的な価値がしっかりと掴まれていることで、伝えるたび、時代を超えてより強さを増してゆくのです。

こうして「変えない計算」を重ね、クリエイターに「ここからここまでを考えてくれ」と言うことこそがクリエイティブディレクターにとって重要なことなのです。

少し言葉は悪いのですが、劇的な変化を求められる状況は、ある種のクリエイターにとって、いわば〝大好物〟です。クリエイターは、天邪鬼な性格を持った〝変えたがる生き物〟。彼らは目の前にあるものを「今までにないもの」、「斬新なもの」へと変化させることができる才能と技術を持っています。劇的な変化を好むクライアントにそうした変化を提示すれば、感触も良く、採用される可能性も高まることから、彼らのモチベーションも上がります。

よって、何も決まっていないところで「とりあえず自由に考えてください」では、いいことになりそうもありません。クリエイターがエゴのまま、明後日の方向へ飛んで行くだけです。クリエイティブディレクターが最終的な目標である売上アップまでを緻密に計画し、何を変えて、何を変えないかを計算することによって初めて広告ができるのです。

いかなるブランドや商品もこの世に生まれた限り、変えるべきでない「強み」となりうる武器をたくさん持っています。それはネーミングやパッケージ、機能的な価値、情緒に訴えるブランドイメージ、ときには開発担当者の熱い想いだったりすることもあります。大切なのは時代に合わせた「変えない計算」を繰り返していくことだと思っています。

広告の「変えるための仮説」のつくりかた

「変えない計算」からどうやって「変えるための仮説」を導くか。それもやはり「答えは売り場にある」です。

たとえば僕はよく電車の人の流れの中で生活者の顔を見たり、自分もいち生活者としてその商品に触れたりしているときに、クリエイティブのアイデアを考えるようにしています。広告は芸術作品をつくることではないので、コミュニケーションの受信者であるエンドユーザーの生活の延長線上で浮かび上がってくるものを大切にする必要があります。そうして人を動かすクリエイティブの「スイッチ」を探すのです。

生活者の中でいろんなものを見て、どんなときに、何を言われたら自分はスイッチがオンになるのか、つまり行動を変えるのかを考えるわけです。

たとえば、どうやって「今どきの若いやつ」にお酒を飲ませるか、ということを僕なりに考えてみた時のことをお話ししたいと思います。つまり若い男性ターゲット層向けのお酒の広告です。

彼らは、言ってみれば新橋で上司たちとお酒を飲んだりしない層です。それゆえに、新橋のガード下で飲んでいる人たちに「今どきの若いやつは」と言われているわけです。つまり、大酒を飲んで酔っ払う人と真逆の人種です。でも、彼らもお酒をまったく飲まないというわけではない。つまり、ノンアルコール飲料などに手を出す人たちとは違うところに彼らのお酒との付き合いはあります。では、彼らが手を伸ばしたくなるお酒とは何なのか。

僕はこうしたことを考えるとき、ふらりと本屋へ立ち寄ることがあります。本棚を見ながら、アイデアを探します。このとき目をつけたのは『風俗的マーケティング』という本でした。まず日常では読まない本ですし、直感的に「これだ」と思った1冊でした。

僕の本選びの基準は自分の直感です。その多くが、まったく探している本とは程遠い業界の本だったりします。たとえ全然関係のないことが書かれていても、「たぶんあとで何かに変換できるな」と強引に自分の直感を信じ込むようにします。

僕はさっそくその本を買い、家に帰って読み始めました。そして、「草食系男子」の消費動向について事細かに分析されている部分に目をつけました。草食系男子は、「今どきの若いやつ」の極端な象徴です。彼らのお酒の飲み方を知る上で、何かの手がかりになるはずだと、ぱらぱらとページをめくっているうちに、こんなイメージを掴みました。

「風俗」と「お酒」、業界は全く違いますが、参考になる大きなヒントがそこにはありました。

断定こそできないものの、最近の若い男性たちは「ホンモノ」は求めていなくて、ちょっと「ライト」な感じを求める傾向がある。

これをお酒に当てはめてみると、「酔っ払う」というより「ちょっとだけ気分を上げたい」という感じ。僕の周囲から見ても、彼らの平均的な層は、「トロリとなる」「フワリとなる」くらいの酔いを求めている。この感覚を言葉に落としていこうと考えました。

随分昔を振り返ると、ビールの広告には「男は黙ってサッポロビール」なんてコピーがありました。CMでは、荒れ狂う海を突き進む船の上で、三船敏郎がひとり、本当に黙ってビールを飲み干し、まさに「旨い」という顔つきになるカットで終わる。この「ガーッと飲んでプハー」の、いわゆる「アガるビール」のイメージは一世を風靡し、今でもビールの広告における主流をなしています。

しかし、今の若者の一部には違うアプローチが有効なのかもしれません。彼らが、一日の最後の〝仕上げ〟のようなシチュエーションで求めているのは、「ガーッと飲んでプハー」はもちろん、「炭酸の強い刺激」や「爽快！」でもなく、「突き抜ける！」のようなものでもない。それよりも、飲んだときに「トロリとなる」「フワリとする」感じを彼らは愛しているのです。

よって彼らにビールを届けるためには、男性文脈ではなく、女性文脈寄りの言葉なのかもしれない、と僕は考えを進めました。そうなると想起されるのは「癒やす」といった言葉です。しかし、「お酒で癒される」という感覚もまた、いくら若いとはいえ、男性には縁遠いものに感じられます。そこから、もう少し男性寄りにしたところに、彼らの飲みたいものはあるのではないか。つまり、求められるのは「ユニセックスなビール」であることを彼らに伝える言葉であり、コンセプトです。

最近では、女性をターゲットにしたアルコール度数の低い酒類を男性が飲んでいたり、また女性が飲むような焼酎のＣＭに人気の若手俳優が出てきたりといった、酔いの〝ユニセックス化〟が進んでいます。「今どきの若いやつ」はここに居ると思ったのです。

ではそこに求められる言葉は何か。従来の「アガる」といったイメージではなく、日常の緊張やストレスを少しほぐしてくれるような、おそらくは「ゆるむ」といった温度感です。つまりコピーとしては「ゆるむチューハイ」、「週末は、ビールでゆるむ」などだと僕は考えたのです。

ただ「世の中にこういうことが流行ってるから」ではなく、生活の中で自分なりのスイッチを探し、新たなクリエイティブをつくるということが大切なのだと僕は思っています。

新商品開発にはタイミングもあり、形にするのは難しいものですが、うまくいったときはいつも、こうした発想だった気がしています。

Depart. Case

『アメリカン・ビーフ』を変えるブランド戦略

僕たちが担当させていただいたお仕事で、『アメリカン・ビーフ』のブランド戦略があります。アメリカン・ビーフとは米国食肉輸出連合会が掲げる、米国産牛肉全般の呼称です。このページではDepart. スペシャルアドバイザーのスキームを用いた、実際のアイデア事例をご紹介します。

アメリカ産牛肉と聞いて「ボリューミー」、「ガッツリとしたステーキ」といった、いわゆる「アメリカン」で大味な印象を持つ方もいると思います。本当はとても美味で高品位な牛肉なのですが、どこか質よりも、量的な特徴に目を向けられてきたところがあります。

そんな背景を受けて、私たちに課されたミッションは、日本国内の消費者に、より高品質で、美味しいアメリカン・ビーフのブランドイメージを獲得させるためのコミュニケーション戦略を構築することでした。アメリカン・ビーフの新たなロゴの開発からはじまり、アメリカン・ビーフ全体のイメージを「アメリカン・ビーフ＝高品質」へと大きく変えていくブランド戦略の提案です。

まず僕たちは食の市場において様々な知識を持つDepart.のスペシャル・アドバイザーを何名かアサインしました。ヒントをいただいたのは、日本を代表する料理評論家であり、フードライターとして数々のご活躍をされている山本益博さん、そして銀座にお店を構えるフレンチレストラン「エスキス」で活躍されている、著名なソムリエの若林英司さんでした。

僕は、長年百貨店の売り場にいた経験から、現在も大切にしているクリエイティブ開発の体系学があります。そのひとつが、「バックキャスティングアプローチ」です。新しいコミュニケーションを開発する際に、現在の視点だけに囚われて思考するのではなく、自分たちの視点を一旦、未来へ移動させ、未来から逆算することで、「今、本当にするべき理想的なこと」を見つけていく方法です。

実は世の中で売れているものを遡って見てみると、必ず何らかの「ターニングポイント」が存在するものです。料理やワインという分野で、数々のブランディング事例をリアルな第一線で見てきた二人に、僕たちは近年の日本市場で、高品質なイメージを獲得することに成功したブランドや商品カテゴリ、ブームについて尋ね、ブレストを重ねました。つまり、アメリカン・ビーフにおける新たな高品質なイメージを、世の中に広めていくために、食市場における過去のブランド事例を分析したのです。その中で、僕たちはカリフォルニアワインのブームについての議論を深めました。

山本さんは、近年のカリフォルニアワインブームの火付け役となった出来事「パリスの審判」について話してくれました。この名前を聞くと、ギリシャ神話にまつわる絵画のことを思い出す人もいるかもしれません。しかしワイン業界の人々は、すぐに1976年に行われたワインの品評会での出来事を思い起こすといいます。そこで、「バタール・モンラッシェ」や「シャトー・オー・ブリオン」などのフランスの名だたるワインを打ち負かしたのは、まったく無名のカリフォルニアワインだったのです。

アメリカのワインが美味しいなどとは想像すらされていない当時、カリフォルニアワインが大きく評価されたことは世界的な大ニュースとなりました。この出来事は、今になって振り返ってみればカリフォルニアワインが、将来的により大きな知名度を獲得し、いい品質のワインだと記憶されるようになるターニングポイントでした。

さらに若林さんともブレストを重ねる中で「ブームが起こるときには、振り返ってみると、そのターニングポイントに象徴的な『場』や『人』があることが多い」という意見をいただきました。カリフォルニアワインは、雄大で美しい自然をイメージさせる、ナパ・ヴァレーのワイナリーという魅力的な「場」や、ロバート・モンダヴィといった「人」が、日本のワイン好きのターゲット層にその世界観を伝えました。カリフォルニアワインブームは、ワイン自体の物性的価値と同時に、イメージ戦略としても成功しているのです。

また、近年の高級ショコラブームも参考になります。近年、バレンタインを中心として空前の高級ショコラブームが起きていますが、このショコラブームも海外で活躍する、ショコラティエ、その中でもジャン＝ポール・エヴァンがその火付け役となりました。

そこで僕は、アメリカン・ビーフが未来に起こしたいブーム、つまり取り扱うレストランに人気が出て、家庭の食卓にもご馳走として並び、さらにはアメリカン・ビーフをめぐるツアー旅行なども生まれてくるような未来からバックキャスティングアプローチで逆算したとき、今、ターニングポイントとしてつくるべきものは何かを考えていきました。

そうして、食のトレンドとして近年話題になっている、「熟成肉」ブームに目をつけました。アメリカ産の牛肉を使い、ドライ熟成させることでうま味を引き出した熟成肉を味わえる『BLT STEAK』、『ウルフギャング・ステーキハウス』のような高級なステーキハウスが今、都心を中心に人気になっています。もちろんここで食べられているのはアメリカ産の牛肉です。

そして僕たちは未来において、「そういえばアメリカン・ビーフのターニングポイントって、あの熟成肉ブームだったな」と言わせるためのブランドのストーリーを、今からつくっていくということをクライアントに提案しました。

そうして構築されたコミュニケーションは、「場」からアメリカン・ビーフのターニングポイントとしてのイメージを生み出してゆくこと。ウルフギャング・ステーキハウスやBLT STEAK、ロウリーズ・ザ・プライムリブといった、高級ステーキハウスを舞台にした動画コンテンツを制作し、CMやYouTube、OOHなどで放映をしながら、新たなアメリカン・ビーフを印象づけました。

■アメリカン・ビーフ　ロゴ

■アメリカン・ビーフ　ポスター

今、多くの人々を魅了している
アメリカン・ビーフ。

絶品の熟成牛のステーキ、
極上のプライムリブ。

柔らかさ、旨味、香り。

ビーフの本場、アメリカが
生んだ、選ばれし品質。

ビーフといえば、アメリカン。
Think Beef　Think American

■アメリカン・ビーフ　TV-CM

対談

Depart.

髙橋宏之

×

「レストラン エスキス」支配人兼シェフ・ソムリエ

若林英司さん

Talk

Eiji Wakabayashi

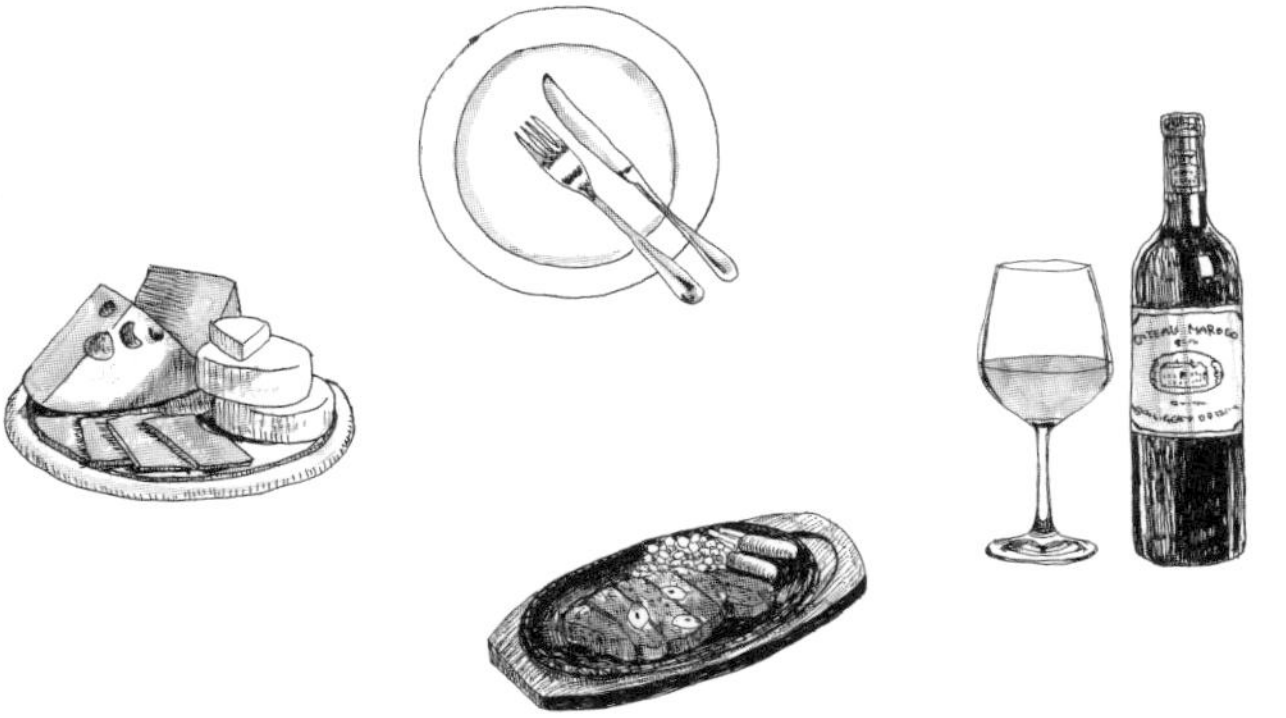

ソムリエがいる「会議室」にて

Depart.の会議室にはソムリエがいます。たとえ話じゃないんです。その方は東京の一流レストランで、誰かの特別な日のために、その日を特別な日にするために、最高級のワインを今夜もいろんなお客さまに供されている、日本のトップソムリエのお一人です。

ソムリエの若林英司さんにお手伝いいただいているのは、ワインの広告案件ではありません。Depart.のスペシャルアドバイザーとして、幅広く「食」というカテゴリーの案件で、ソムリエ独自の視点やアイデア、発想法などを、業界・業種を超えて、私たち広告クリエイター達が集まる企画会議にご参加いただき、アドバイスいただいています。

若林さんにスペシャルアドバイザーとして参加していただいたことで、Depart.には、いわば『ソムリエがいる「会議室」』が生まれました。（この対談は2015年6月2日に行われました）

【クリエイターとソムリエの交差点】

髙橋　最初にお会いしたのは、若林さんが、かつて恵比寿にあった『シャトーレストラン タイユバン・ロブション』というレストランにおられた頃でした。僕は伊勢丹にいた頃、ワイン売り場を担当していたこともあったので、若林さんの名前は以前から知っていました。その後、若林さんが講師をされていたワインセミナーの講義がとても面白く、話術が凄い！　などの評判を聞いていたこともあって、若林さんならではの発想や表現力をDepart. の広告に活かしていただけないか、と思ってスペシャルアドバイザーとしての参画をお声がけさせていただきました。広告の企画そのものをつくる仕事に関わることに、最初はどんな印象を持たれましたか？

若林　自分のためにもなるだろうなという感覚があってお引き受けしたんです。私もお店で日常的に業種の異なる方々から刺激をいただいていますから、Depart. に関わることはその延長線上でした。違う視点からの考えや刺激を採り入れることで自分の中で新しいものが生まれ、ものの捉え方が変わります。それは私にとって興味深いことですから。

高橋　おそらく一般的な広告会社が若林さんにお仕事をお願いする時、もっとも典型的な場合は「ソムリエ・若林さん推奨のワイン」のように商品のお墨付きをもらうことだと思うのです。しかしDepart.では、いわゆる広告的なお仕事ではなく、コンセプトワークやストーリーを設計するときにお仕事をご一緒したいとお話ししました。

若林　私は、それまで交わらなかったもの同士を関連づけて新しいものを想像するのが好きです。そうすると自分自身の視野も広くなるし、いろんな人のお話を聞けるようになるからです。普段からそう思ってお店にいます。

たとえばDepart.のアメリカンビーフのブランディングに取り組んだ時は、カリフォルニアワインの火付け役『オーパス・ワン』についてお話ししました。ビーフと聞けば、一緒に飲むのは当然ワイン。自然とワインでヒットしたものを想像しました。

なぜカリフォルニアワインが世界的にヒットしたのかを辿ることで、アメリカンビーフをプレミアムなビーフにするための道が見つかるかもしれない。そうして、ターニングポイントとして、『ナパ・ヴァレーのブーム』についてもお話ししました。

これらは非日常の発想というよりも、ふだんの私の考え方の延長線上に浮かんできたことでしたね。

【ソムリエの仕事は、テーブルにいるすべての人の満足をつくること】

髙橋　若林さんは大変に博学です。いろんな物事を関連づけて、時には素敵なユーモアにしたり、あるいは深みのあるストーリーにしたり。

若林　ソムリエの仕事は、言ってみれば開いていないワインの味や香りをお客さまに説明して、開けさせてもらうことです。そしてお客さまとお話しするときは、非常に言葉遊びが多い。ジョークを交えたライトな会話が好きな方もいれば、少し重めの会話を求める方もいらっしゃいます。ワインの話題はもちろん、ワインを起点にしてさまざまなことをお話しします。

高橋　スタッフも、若林さんの話を聞くのが楽しいと話しています。僕も仕事とは思えないほどに楽しい。企画のブレストをさせていただきながら、いろんな刺激をいただいています。また、ご一緒させていただいたDepart. のスタッフふたりは一切お酒が飲めないのですが、ふたりとも本当に楽しんでいるんです。若林さんはお酒が飲めない人にすら、お酒の楽しさを教えることができる。

若林　実は今、自分が最もわくわくするのは「お酒を飲めない人を喜ばせること」なんですよ。近頃のお客さまに多いのは「複数人で来られて、その中にお酒を全く飲めない方がいる」というパターンです。こうしたお客さまの場合、飲む方も飲めない方も、どちらも相手に気を遣ってしまって、楽しい結果にならないことがあるんです。この状況を解決するために、私は飲まない方にも必ず声をかけます。

高橋　どんなふうにお声がけするんですか？

若林　「面白いのありますけど、何かよかったら飲みますか？」と。

たとえば、白ワインと同じような見た目の、プレミアムな緑茶をお出しします。もちろんワイングラスでお出ししますから、見た目には緑茶とは思われません。誰が見たって、白ワインです。すると、お酒が飲めない方も、お酒を飲んでいる方の輪の中に自然に溶け込んで、一緒に「飲んでいる仲間」になれるんです。いつもは気後れしがちな、お酒を飲めない方も、気分が変わって楽しくなるわけです。

最後に、皆さんがデザートワインを飲んでいるとき、私はシェイカーをテーブルまで持っていって、なにやら作り始めるわけです。そして「カクテルです。アルコールは入っていないのでどうぞ」と差し出す。大変喜んでいただけることが多くて、このサービスを目当てに来てくださる方もいらっしゃる。

髙橋　そうしたお話を聞くと、僕たちの発想にいろんな化学変化が起きるんですよ。お話ししているだけで「これとこれを結びつければいいのか」と、目の前の課題が解けたり、ぱっとアイデアが広がったり。本当に素晴らしい発想のトレーニングをさせていただいています。

若林　当店では旅にたとえてお客さまをおもてなしします。

いろんな発想が込められているのですが、シェフが言うには「まずお客さまが楽しむことが一番だから、押しつけがましいことはしたくない」。彼が舵を取る船に乗っていただいて、お客さまにはどこに行くか分からない旅に出ていただくようなイメージを私たちは持っています。

そのナビゲーターが私や他のスタッフで、テーブルでは会話があったり、ワインがあったり、ノンアルコールの飲み物があったりする。最終的には「フランス料理を食べたけれど、なんだか旅をしたような気分」になって楽しく帰っていただくことを大切にしていますね。

髙橋　広告の仕事とソムリエの仕事が似ていると思うこともあるんです。たとえば広告の業界では、「What to say」と「How to say」という言葉があります。これらは広告する商品の価値をどのように切り出し、世に伝えるべきことをつくるか（What to say）、そしてどんな媒体を使って、どのように伝えるか（How to say）を考える時に使われる言葉です。

ワインにおけるWhat to sayは、ワインがどんな味かをお客さまに伝えること、そして

How to sayはどうやって飲むかを提案することだと感じるのですが？

若林　そうですね、ワインをおすすめするときは、そのテイストを表現することももちろん大切ですが、伝え方のひとつとして、召し上がっていただくシチュエーションを大切にしています。たとえば天気。暑い日に冷麦やスイカを食べるのと一緒で、ワインを飲むシチュエーションにも天気・気候は重要な要素です。

たとえば「ソーヴィニヨン・ブラン」というぶどうをつかったワインがありますが、夏におすすめするときには「今日は暑いですよね。キリッとしたものを飲みましょうか」を入り口にします。天気予報みたいなものですよ。次に「エルダーフラワーって分かりますか」とお聞きして、首を横に振られたお客さまには、もっと簡単に、そして情緒的にテイストをお話しします。分かってくださるお客さまには「エルダーフラワーは菊科の『にわとこの花』と呼ばれるのですが、スーッとするきれいな黄色い花なんです。その花の香りにパッションフルーツとミネラルがたっぷりあって、清涼感のあるドライなテイストです」と具体的なお話をします。そこに料理も組み合わせて差し上げます。「これは貝が最高ですよ」と。

高橋　僕たちの広告の仕事も、最終的にはエンドユーザーにいかに満足していただけるかが勝負です。レストランでも「このワインは間違いない」という押しつけがましい理屈では、満足にはたどり着けない。

高級なお店に行くほど自分がワインを知らないことを恥ずかしく思ってしまう場面に出くわします。そこにソムリエさんが来て、難しい言葉を並べ立てられたらもう、しぶしぶ「それでいいです」ということになってしまう。もちろんワイン自体は美味しいのですが、自分の選択肢を失ってしまった中では本当の満足につながらないような気がします。若林さんのすすめかたにはそうした押しつけがましさが一切ない。

若林　サービス業はどれだけ「気遣い」ができたかで価値が決まります。お客さまに、お店で上手に、気持ちよくお金を使ってもらうために、どれだけ自然な気遣いができるかを大切にしています。

【ソムリエの「美味しい魔法」】

髙橋　若林さんの会話にも、殺し文句なんてあるんですか？

若林　ひとりひとりに応じて変えますね。仮に殺し文句のような言葉があったとしても、人に応じて変えてゆきます。常連さんにも僕は「いつもの」のワインを決めません。一緒に来られた方や、その日の雰囲気を見て「今日はこのぐらいのグレードのものを出してもいいな」とか「今日は抑え気味でいこう」と決めることにしています。もし疲れたご様子だったら「今日は水でいいんじゃないですか？」や「ノンアルコールいかがですか？」といった提案も平気でしますね。

髙橋　若林さんは「あなたにとってこれが一番のワインだ」ということを、常に伝えておられる。そしてお客さまも、納得感を持ってそれをしっかりと受け止めることができる。それはつまり、そのワインを、お客さまがレストランで過ごす時間の主人公にしているということだと思うんです。

僕たちの仕事は、クライアントの商品を「世の中で主人公にする」こと。僕は若林さんの仕事に強いシンパシーを感じざるを得ません。そこにはお客さまを説得させるための話法があり、クリエイティブの演出がある。

広告とソムリエは、仕事のジャンルこそ異なりますが「最後までお客さまの満足を考える」ということは通底している。これからも仕事をご一緒させていただく中で、いろんなことを学んでいければと思っています。若林さんは本当に言葉の天才ですから。

若林

ある意味でレストランは舞台みたいなものです。歌を歌って輝く人、演技力で場面を引き立てる人、佇まいが美しい人、いろんな人がそれぞれに一番輝ける方法で、舞台に立っている。レストランでも、それぞれの持場で、それぞれのスタッフが最も輝ける仕事をしている。そして仕事をしていて、〝ノッてる〟人は、強いオーラを持っていて、人々を惹きつけますよね。

言葉は、自分が今までやってきた積み重ね、引き出しがどれだけ多いかで決まると思っています。ひとつひとつの言葉をつないでいくこと、多くの言葉を知ろうとは、実は考えていないんです。言葉から自ずと勝手に出てくる。本当に魔法みたいなものなんですよ。

よく「なんで若林さんのワインはこんなに美味しいの?」と聞かれます。僕は「魔法使いだから」って答えます。魔法だって言っていると、本当に魔法になるんですよ。魔法ってそういうものです。

ソムリエがグラスを正しく魅力的に扱うことは当たり前ですが「なにしてるの?」って聞かれたら、こう答えます。

「これは魔法です」って。

PROFILE

若林 英司さん

EIJI WAKABAYASHI

「レストラン エスキス」支配人兼シェフ・ソムリエ。1964年、長野県生まれ。91年、小田原の「ステラ マリス」シェフ・ソムリエ。95年、東京・恵比寿の「タイユバン・ロブション」勤務、シェフ・ソムリエ。2003年、「レストラン タテル ヨシノ」の総支配人を務める。12年から現職。09年フランスの騎士団「シャンパーニュ騎士団」からシュヴァリエ（騎士）に叙任される。12年に同オフィシエ(将校)に叙任。

2F

お買い物の本能を
動かす、
ストーリー戦略

Depart.

お気に入りのお店に足を運んで「あ、これいいな」と思って商品を手にとった瞬間、自分は今、お店の売り場に立って買い物をしているはずなのに、手にしている商品とともに自分が暮らしている風景が頭の中に瞬時に広がっていく――誰しもお買い物をしながら、こうした体験をしたことがあると思います。

たとえば普段は扇子なんて使わないのに、浴衣を着たマネキンが展示されているのを見て、ふと去年見た花火のことを思い出して興味が湧く、といったことがそうです。それはその商品の持つストーリーが伝わり、自分の生活や人生のストーリーと共鳴し、「お買い物の本能」が目覚めた結果なのです。

こうしたお買い物の本能に心動かされる瞬間を、販売戦略に結びつけたのが伊勢丹の「ストーリー戦略」でした。

百貨店という業態は、いつの時代もお客さまへ新しい、最先端のライフスタイルを提案してきました。それは世界で初めて百貨店が誕生した頃からそうでした。１８５２年にパリにオープンした「ボン・マルシェ」が最初の百貨店だと言われており、流行の最先端がある場所として人気を集めていました。

しかし、百貨店の暖簾だけで人を集めることができたのは、いつしか昔の話になってしまいました。価値観が多様化した現代では、百貨店の提示する〝最先端〟が、万人受けするものではなくなってきたのです。さらにインターネット上に無限に広がるバーチャル空間上にある売り場でも、多くの人が時間を過ごすことが当たり前になり、エンドユーザーを取り巻くチャネルは日々、多様化し続けています。こうした環境の中では、どれだけ腕利きのバイヤーが、店頭に良い商品を並べても、売上につながらないのです。そもそも人が百貨店に集まるモチベーションを失ってきているからです。

そこで伊勢丹はすべてのMDを通じて、お客さまへストーリー性のある売り場を提案することを大切にしてきたのです。

ストーリー戦略の特徴を言い換えると、お買いモノを、「お買いコト」にしているということに尽きます。お客さまに、思わず商品（モノ）を手に取ってみたくなるストーリーを提供し、出来事（コト）としてお買い物を楽しんでいただくための提案を行っているのです。

広告が行っていることも、エンドユーザーがモノと出会うための出来事をつくること。ここでは、百貨店の戦略で広告のこれからを切り拓く、Depart. の方法論をお話しします。

「お買いモノ」を「お買いコト」化する伊勢丹のストーリー戦略

伊勢丹のストーリー戦略には、お買いモノを、「お買いコト」にする売り場づくりがあります。その代表的なものが、異なるカテゴリーの商品同士を掛け合わせ、普段手に取らないものでも手にとってしまうように演出する「クロスＭＤ」です。

たとえば一般的なＭＤの生鮮食品店の調味料の棚を頭の中に思い描いてみましょう。

その棚には酢、香辛料、オイルなどが並んでいます。酢の棚に目をやれば、米酢の隣にはバルサミコ酢、ワインビネガーが並びます。オイルの棚のオリーブオイルのとなりに並ぶのはエキストラバージンオリーブオイル、グレープシードオイル、ごま油です。こうした商品の種類で縦割りになっている棚では、お客さまは目的の商品だけをカゴに入れてその場を去ってしまいます。「今夜の夕食はアジの南蛮漬けだから米酢だけでいいわ」ということです。

「目的買い」のために回転率や利便性を上げた方がお客さまの満足につながる場合なら、このMDが効果的です。一般的なMDの多くはこのタイプのものが多く採用されています。

その一方でクロスMDは、一般的な目的買いのMDに「関連買い」の要素を加えたMDです。クロスMDで作られた棚は、たとえばオリーブオイルの隣にパスタ、アンチョビなど、オリーブオイルをつかった料理と相性の良いものが置かれます。これを見たお客さまは「あ、こんなのがあるんだ。今日はオリーブオイルが切れたから買いに来たけれど…このアンチョビとパスタをうまく組み合わせたら自分の知らない楽しみ方ができるかも」と、オリーブオイルを買い物カゴに入れた後、アンチョビとパスタに手を伸ばします。つまり目的買いをしにきたお客さまに、目的の商品に関連した別商品の購入を誘発するのです。

ワイン売り場ではおつまみのオイルサーディンやパンを、パスタの売り場にはパルメザンチーズを並べてみたり。日常に必要なものを目的買いしにきたお客さまが、ちょっと〝乗りたくなる〟ストーリーを売り場で提供していくのです。

さらに伊勢丹は、百貨店の組織構造すらも壊してストーリーを紡ぎます。百貨店は食料品売り場、衣料品売り場といったように、売り場ごとに縦割り構造になっています。その構造を崩し、再編することでよりダイナミックなストーリーをつくるところまで踏み込むというわけです。たとえば食品売り場に江戸切子のグラスがあったり、ワイン売り場に、ワインを飲みながら聴くとよさそうなジャズCDが並ぶということです。

父の日や母の日の催事ではこうした売り場づくりをすることは珍しくありませんが、お客さまへのストーリーの提案性を重視する伊勢丹は、これを日常的に行っているのです。それも、より上質で自然なストーリーを目指します。

商品がたくさんあって、いろんな出会いがあるだけでは、いわゆる「ショッピングモール」との差別化ができません。お客さまは、日常の中で百貨店に来られるわけですが、そこに日常を求めてはいません。非日常の上質なストーリーを求めて来られたお客さまの期待に応えるために、日々試行錯誤をする。これが伊勢丹の日常なのです。

物語のある売り場をつくる

百貨店ではよく、売り場づくりが街づくりにたとえられます。素晴らしい街が、ただ歩いているだけでワクワクする発見に溢れているように、お客さまがいろんなものを発見できる売り場こそが素晴らしいと考えているのです。

売り場がただ効率的にモノを羅列するだけの場所になってしまうと、どうしても〝発見〟が少なくなってしまいます。しかしクロスMDや組織構造をも崩しながらつくられる売り場では、お客さまは探すほどに、いろんな〝未知〟と出会うことができるようになります。

そうした売り場においてはガイドブックも必要になります。これがストーリー戦略のもうひとつの側面を担う、「モノの背景にあるストーリーを伝え、興味関心を抱かせる」ということです。つまり、作り手の気持ちや、商品開発のエピソードなど、商品の持つ物語を引き出してお客さまに届ける仕組みです。

もちろん販売員もそうした役割を担いますが、すべてのお客さまにサービスすることは難しい。そこでガイドブック、『FOODIE』などの情報媒体の出番です。

たとえば２０１４年の秋に出された『FOODIE』には、「巨峰スパークリング」というノンアルコール飲料が紹介されています。巨峰、スパークリング、ノンアルコール、この３つのキーワードは確かにフレッシュで爽やかな印象はありますが、誰でも手を伸ばしたくなるほどの珍しさはありません。しかもノンアルコールなのに７００ミリリットルで２８０１円という、テーブルワインよりも遥かに高い価格設定です。

こうした表面上の情報を売り場で目の当たりにするだけでは、手を伸ばしても購入には結びつきにくい。しかし、こんなエピソードを事前に知っていたらどうでしょう？

〝…秀果園(巨峰スパークリング製造元)には、一本の巨峰の母樹があります。樹齢58年。日本の巨峰栽培の歴史の中で、ほとんどの巨峰はこの母樹から株分けされたという、まさに巨峰のマザーツリー。この母樹と、そしてこの樹を守り続けている農園で収穫された貴重な葡萄でつくる「巨峰スパークリング」は葡萄本来の甘みが活きたノンアルコール飲料です。〟(『FOODIE』 2014 9.10-9.23 号より抜粋)

まず日本のすべての巨峰に母樹があることにも意外性を感じますし、その樹齢が58年というのも驚きです。「一体どんな味がするのだろう?」と一度は飲んでみたくなります。このように『FOODIE』という媒体は、売り場という街のガイドブックとして機能するのです。お客さまはこの媒体をつかって、街歩きをしながら物語と出会っていくようなお買い物を楽しむことができます。

『FOODIE』はWebと伊勢丹新宿店の食品フロアで配布されている紙媒体の両方を展開しており、売り場としての伊勢丹から、日常のスマートフォン上に至るまで、モノのストーリーを伝えています。

いずれも、お客さまに買い物のための場だけではなく、ストーリーと出会うための場として、売り場を設計してゆく思想であると言えます。

ISETAN for
FOODIE
知を楽しむ、食を楽しむ。
ONLY MI
伊勢丹新宿店 食品フロア
オンリー・エムアイ
秋のキャンペーン
9
2014
9.10-
9.23
ユメ
ISETAN

■『FOODIE』表紙

Depart. Case

ハローキティと、地球の未来へ向かうストーリー

今も昔も、世界中の人々に愛されるキャラクターの数々を生みだし続けている、株式会社サンリオ。僕たちは、数あるサンリオキャラクターの中でも圧倒的な人気を誇る、「ハローキティ」のブランディングに関わる機会をいただきました。

ハローキティは２０１４年に、40周年を迎えました。このブランディングは、これから先、東京オリンピックが開催される２０２０年までのハローキティの未来をつくるお仕事でした。

ハローキティは世界に愛される「かわいい」を持っています。数々のブランドや商品とコラボレーションを行い、ファン層も拡大してきました。さらにその成功は国境を超

え、現在は、レディー・ガガや、マライア・キャリーなど海外のセレブたちにも大人気です。

これほどに完成されたキャラクターで新しいことをするのは非常に難しいものです。それは、「世界に愛される」という責任も伴うからです。

僕は、ハローキティの持つ世界観や本質的な価値を徹底的に洗い出し、「変えないこと」と「変えること」を整理し、未来に向けてどんなストーリーを描くべきかを考えました。

変えないことは、これまでハローキティが行ってきたコラボレーションの手法を戦略的に使うということ。そして変えることは、ハローキティが、従来の世界観よりも、もっと「自らの意志」を感じさせる活動を行うことでした。

昔から多くの人々に愛され続けてきた、可愛らしいハローキティの世界観を大切にしながら、未来に向けた新たな一歩を踏み出すことが大切であると考えました。そしてその一歩は、今後僕たちが直面するグローバルな未来に向けて、踏み出されるべきだと考えたのです。

それゆえテーマは、昨今の人々の意識や活動の高まりが集中している「ソーシャルグッド」とし、特定の商品の購入を環境保護などの社会貢献に結びつける「コーズ・マーケティング」を、ハローキティのブランド戦略に結びつける方法をとりました。

こうして、新しいハローキティの魅力が、グローバルな視点で、社会活動という意志を感じさせる文脈の上で、これから世の中に生まれていくと考えています。そのための合言葉は、

「地球の未来とコラボする。」

そうして誕生した「HELLO KITTY ACTION」のブランディングには、こんなステートメントを掲げました。

ハローキティが、これまで以上に愛され続け、このブランドをより確かなものとするために。そして、地球の未来をもっと明るくするために。今、できること、するべきこと。

それは、サンリオのビジネスを通して、世界中の人々に笑顔と幸せを届けること。

そんな想いから生まれた、5年間に渡るハローキティ最大のプロジェクト。1年に1つ、Actionテーマを決定。年間を通じて、世界がもっとよくなるための活動を行います。

地球の未来とコラボする
HELLO KITTY ACTION

ハローキティが、これまで以上に愛され続け、
このブランドをより確かなものとするためにするべきことは何か？
それは、サンリオのビジネスを通して、
世界中の人々に笑顔と幸せを届けることだと、私たちは考えました。
そして、発足した新プロジェクト。
１年に１つ、アクションテーマを決定し、
ハローキティが、さまざまな団体や企業と共に、
世界がもっとよくなるための活動を行います。
合言葉は、「地球の未来とコラボする」
これが、新プロジェクト「HELLO KITTY ACTION」です。

©1976, 2016 SANRIO CO., LTD.　著作 株式会社サンリオ

■ HELLO KITTY ACTION　サイト

世界の人たちと
もっとなかよく
なるために

地球の未来を
もっと明るく
するために

できることって
なんだろう？

!

■ HELLO KITTY ACTION　スペシャルムービー

エンドユーザーは予想外のコトが欲しい

広告会社は自分の会社でモノを売っているわけではなく、伊勢丹のように商品棚に囲まれた売り場を持っているわけでもありませんが、クライアントが自社の商品（モノ）をエンドユーザーに届けるための、いわば「コトづくり」をしている。その中で重要な役割を担うのがクリエイターです。

広告におけるコトづくりを考える上で大切なことが「コミュニケーションデザイン」です。広告では、様々なメディアを使って、クライアント企業とエンドユーザーの間に良好なコミュニケーションを構築しながら、コトづくりをしていくことが求められます。

特に今の時代、スマートフォンなどを中心としたムダのない高効率の広告と、広告が本来持つべき「意外性の提供」とをいかに共存させていくかを考えることは、広告会社にとって非常に重要なことです。

かつてはテレビCM、雑誌広告、新聞広告、ラジオそしてWebができることが限られていた。メディアの役割が非常に明確であり、広告の打ち方もシンプルでした。

しかしインターネットが普及した今は、スマートフォンやタブレット端末を通して、エンドユーザーはいつでもどこでも自分の必要な情報を引っ張り出せる時代です。ソーシャルメディアによってトレンドも私的化・多様化し、インターネット上には情報が常に大洪水状態です。情報提供側も、エンドユーザーの好みに合わせたキュレーションやレコメンドをする。エンドユーザーは自分に最適化された情報に、いつでもどこでも、便利に触れられるようになってきています。

そうしたメディアのパーソナライズに広告も同調し、非常に高効率にエンドユーザーに届けられるようになります。多くのエンドユーザーは、自分の検索結果やウェブサイトの閲覧履歴などが反映された広告を、生活の中で効率的に与えられ、商品と出会うようになりました。つまり今のエンドユーザーは「便利な広告」や「合理的な広告」ばかりにさらされている。

こうした時代に新しい広告づくりを考えるとき、僕は〝お買い物〟の本質に立ち返って物事を考えることが助けになると考えています。広告とはつまり、エンドユーザーにお買い物をさせるために存在するものだからです。

情報のタッチポイントや、チャネルの増加、購買スタイルなど、エンドユーザーの周囲の環境は大きく変わりました。しかし、お買い物の種類は、今も昔も本質的には大きく2種類しか存在しません。それは、何かを買おうと思って来店する「目的買い」と、何かに出会って、急に欲しくなる「衝動買い」です。これはリアル店舗でも、ネットショッピングでも同様です。

目的買いをしにくる人は、自分の欲しいモノがいつも予定通りに見つかり、購入できると満足します。こうした人にとっては、高度に効率化された「便利な広告」や「合理的な広告」は、とても有益な存在となります。

その一方で、衝動買いをする人は、常に意外性や発見に満ちたお買い物を求めています。こうした人々には、エンドユーザーを合理的にひとつの目的に向かわせるためにつくられた広告は役に立ちません。そして今、決して少なくない人々がそうした広告に飽きはじめているのです。

素敵な予想外や幸運のことを「セレンディピティ」と言いますが、情報を自分好みに取捨選択できる時代にいながら、セレンディピティのある広告に出会えないことに、衝動買いを楽しむ買い物客たちはストレスを感じているのです。

たとえば通勤途中、スマートフォンのソーシャルメディアのタイムラインに流れる、「あなたはこういうものが好きでしょう」と、ひとのことを分かったような気で配信される広告は、ときにストレスフルです。

その一方で、電車や駅で素敵な広告ポスターを見つめたとき、深く印象に残ったりすることがある。自分の興味対象でなかったはずが、突然、広告されている商品が気になり、好きになり始める。これはある意味、広告が本来持つ豊かさだと思うのです。

効率的な情報だけに囲まれて生きるのは、便利な反面、ときには少し退屈してしまうのが人間なのかもしれません。

また、目的買いを効果的にもたらしてくれるお店がエンドユーザーにとって、どこまでいっても〝便利〟止まりになる一方で、予期せぬ出会いを通して新しい「お気に入り」を発見させてくれる、衝動買いを誘発するお店は、〝魅力的〟と評価され、エンドユーザーは「お客さま」から、「ファン」になります。

ファンになるようなエンドユーザーにとっては、思わず聞きたくなる、見たくなる情報がどれだけ多く、商品とともにお店に揃えられているかが重要です。僕の伊勢丹時代の経験では、良い売り場には圧倒的に販売力のある人気販売員や、店頭で行列ができるほどの名物実演販売員がいました。彼らのセールススタイルをよく観察してみると、優秀な販売員ほど、誰も知らない情報や、意外な情報を持ち、魅力的な存在なのです。

それは、まるで今出会った他人だと思わせないかのような巧みな話術や、思わず見とれてしまうような商品の見せ方に活かされたりと、方法はそれぞれですが、彼らが非常に魅力的なストーリー戦略を行なっていることは確かです。

こうしたことは、広告の設計にも求められることだと感じます。ぱっと見たときに、意外な面白さと出会え、お買い物が誘発される広告は、やはり魅力的です。

Ｗｅｂなどのオンラインから、リアル店舗などのオフラインへとどのように行動を促すかの施策である「Ｏ２Ｏ（Online to Offline）」が昨今、企業とエンドユーザーの関係性におけるさまざまな文脈において語られるようになってきました。これからのＯ２Ｏにおいては、利便性や合理性の情報提供だけではなく、エンドユーザーにどれだけ新たな魅力を提供できるかが重要になってくるでしょう。

エンドユーザーは、必ずセレンディピティを求めている。それはリアル店舗、ネットショッピングでも同じです。あらゆるコミュニケーションにおいて、エンドユーザーたちに利便性や効率性だけではない、「予想外のハッピー」をどれだけ生み出していけるかが、これからの広告づくりで考えるべきことなのだと思います。

それこそがまさに、Depart. がつくりたい広告なのです。

3F

お買い物の本能で
広告をつくる

Depart.

伊勢丹にいた頃の僕は、よく食品売り場で「サッカー台」にある買い物カゴを片付けていました。サッカー台と聞いてピンとくる人は、かつて百貨店やスーパーなどで働いた経験がある人でしょう。そんな専門用語が飛び交う食料品売り場が僕の持ち場でした。サッカー台とは、お客さまが購入した商品を袋詰めする場所です。ロールのビニール袋やセロファンテープなどが置いてある、あのおなじみの台のことです。その台の脇に置かれている買い物カゴを片付けるのが、売り場での僕の仕事のひとつでした。

なんだか雑用みたいな仕事で、面白くなさそうですよね。でも、これがもっとも面白い仕事なのです。なんといっても、お客さまがどんな商品を買い物カゴに入れたのか、その結果が誰よりも早く見れる場所なのですから。

売り場に嘘はない

買い物カゴは、百貨店のバイヤーやセールスマネージャーにとって、たったひとつのゴールです。スクラップ＆ビルドやストーリー戦略で試行錯誤を重ねてMDをつくりあげた結果の全てがそこには現れます。

商品を予想どおりのお客さまに買っていただけたら、それはバイヤーとして最高の喜びです。でも、やはり売り場は大自然なのです。お客さまは、本当に予想できないお買い物をしているのです。

僕はカゴをせっせと片付けながら、お客さまの買い物カゴの中にある、お買い物の真実を、いつも驚きの眼差しで観察していました。

売り場はお客さまが欲しいものを買って、去ってゆく場所です。お客さまは安ければ買う。高ければ買わない。しかし高くても、それが目的の商品であれば買う。目的の商品でなければ、安くても買わない。また、目的のものでなかったとしても、欲しくなれば買う。売り場は本当に理屈の通用しない、極めて本能的で嘘のない場所なのです。

少し年配のご婦人方に人気があった老舗のロールケーキに、時代のトレンドにマッチしたテイストが登場するやいなや、飛ぶように若い人の間で売れていくなんてこともあります。お客さまは理屈ではなく、本能的に手を伸ばします。僕たちはそれを観察し、インタビューをしてみたり、調査をして、ＭＤに活かしてゆく。

野生動物が、何が起こるか予想がつかないサバンナで、経験則と本能から狩りをするのと同様に、僕は売り場の大自然の中での経験則と本能で、売り場をつくっていました。

僕が広告業界に来てからも大切にしているのは、そんな「お買い物の本能」を活かして広告をつくっていくことです。

売り場で培った勘のせいか、どこか嘘や間違いのある広告は、僕にはすぐに分かります。「人はそんなふうにモノを買わない」と直感的に分かるのです。どれだけテクノロジーが進化しても、お買い物の本能はあまり変わらないものです。

嘘や間違いのある広告というのは、そもそもターゲットを誤解していたり、競合の商品との差別化ばかりを気にしていたり、ありきたりでとっかかりのないものになっていたりと、さまざまな場合があります。たとえば今、若者の「クルマ離れ」が進行しています。そこで、クルマのかっこよさを啓発するための広告をつくろうとします。しかし、ノスタルジー溢れるかっこよさにうったえたり、性能面ではほとんど変わらない競合企業のクルマとの差別化をしたり、ハイブリッドなどの省エネ性能ばかりを強調していたりと、間違えているわけです。そこには、お買い物の本能に裏づけられた仮説がない。広告を、広告の視点だけでつくってしまうと、ときにそうした間違いが予定調和として現れてくるのです。

たとえば自動車における本当の競合を考えるとき、ライバルの自動車会社ではなくスマートフォンを疑ってみる。今の若者にとっては、クルマで彼女の家まで乗りつけるよりも、「LINE」で気の利いた一言を送って笑顔にできるほうが〝カッコいい〟ことなのかもしれません。彼らには「あのクルマよりもカッコいい」と、デザインのカッコよさをうたっても響きません。むしろクルマがあればいかに楽しく彼女とコミュニケーションが取れるのかをうたったほうがいいのかもしれないのです。

Depart.ではそんなお買い物の本能で広告を読み解き、つくっていくことで、新しいことができるのではないかと考えているのです。

広告における、本当のカスタマーファーストを目指して

僕たちDepart.は、本当の「カスタマーファースト」をクライアントとともに目指すことができる組織でいたいと思っています。

広告業界では、クライアントと広告会社の事情による「つくり手の理論」ですべてが行われてしまうことがあります。

広告の本当の役割は、エンドユーザーの心を動かし、広告する商品を買ってもらったり、ブランドに共感してもらうことにあるはずです。しかし、クライアントの要求を満

足させるためだけに広告づくりが行われてしまうことがあるのです。広告業界にいると、どうしたわけか、この奇妙な慣習に、気づくことができません。

広告会社のカスタマーファーストとは何なのか？　その仮説を提示するのもDepart.にできることのひとつだと思っています。

カスタマーファーストとはつまり、本当のお客さまを見失わないということです。

僕が伊勢丹にいた頃は「毎日が、あたらしい。ファッションの伊勢丹」「お客さま第一」と毎日の朝礼で言い続けたものです。今も続く、伊勢丹のいつもの風景です。当時はその習慣の本当の意味に気づくのが難しかったこともあります。でも今は、社員全員がお客さまを見失わないようにするための習慣であることに気づかされます。

伊勢丹が百貨店の組織構造をも壊してストーリーを構築してゆくということを2章でお話ししましたが、これは百貨店の事情を考えると、非常に難しいことなのです。本書をお読みになっているほとんどの方が、今まで一般的な消費者として百貨店と関わってこられたと思います。いわば「お客さまの目線」から見れば、ストーリー戦略や売り場の再構築は、時代に即応したサービスのひとつだと自然に受け取れると思います。

しかし、ファッションのフロアで、少しデザイン性の優れたスイーツを販売すること、食品フロアで江戸切り子のグラスを並べることも、百貨店が実現するためには多くの壁を乗り越えなければなりません。既存のフロア構成は、長い百貨店の歴史の中で非常に合理化され、商習慣化しているため、なかなか壊すことはできないのです。つまり百貨店側の事情、「売り手の理論」があるわけです。

そこを徹底的なお客さま目線に立って考えることで、伊勢丹は「ファッションを見ながらかわいいスイーツを買いたい」「せっかく美味しい日本酒を買ったのだから、素敵なグラスとも売り場で出会いたい」という、お客さまとしては当たり前でもあるニーズに則った売り場づくりを実現しているのです。

売り手ではなく買い手の理論で仕事をする。本当のカスタマーファーストこそが伊勢丹の強さです。

「お客さま第一」という言葉は、「安全第一！」くらいに使い古されたフレーズですが、その言葉の持つ真意に則って実際に行動することは非常に難しい。しかしそれは、広告業界において、今後ますます重要になってくることだと僕は思います。

流通でも、メーカーでも、商社でも、すべての企業活動は本来、エンドユーザーのためにあると言ってもいいはずです。広告も例外ではありません。企業ブランドや商品、活動を世の中の人に共感されたり愛されたりすることが最終目標であるという意味では、エンドユーザーのためにあると言えるでしょう。

広告制作において、カスタマーファーストであるためには、クライアントが広告の製作依頼の際に提案する広告戦略が効果的だとは思えないときに、広告会社が正しい再提案ができるということも大切なことです。そしてその再提案は、その広告を受け取るエンドユーザーの目線に立って、行われる必要がある。

たとえば最近、デジタル系の担当者が、クライアントから制作依頼をもらったとき、真っ先に疑問に感じるのが「インターネットを使わなくても良いのではないか?」ということだそうです。時代の風潮としてクライアントは、テレビCMよりも安価で双方向性があり、ターゲットにリーチしやすいと言われているソーシャルメディアの広告戦略を使いたがります。しかし広告媒体の選定は、広告する商品とターゲットに依存します。全ての広告にはメリットとデメリットがあり、何でもソーシャルメディアを使えば良い結果が得られるわけでもないのです。

僕たち広告会社は、本来「クライアントファースト」であるべきではない。クライアントとともに、本当の意味でカスタマーファーストを考えられるパートナーにならなければ、真にエンドユーザーに届く広告を共につくることはできないのです。

広告は、正解がないから魅力的なのだ

「どんな広告を作りたいか?」と広告業界のクリエイターたちに聞くと、本当にいろんな答えが返ってきます。

「カンヌの広告賞を獲れるような、業界で話題になるような広告を作りたい」

「いやいや、そんな業界の人たちだけが知っているような広告じゃなくて、誰もが知っている、日本中のお茶の間に愛されるようなCMを作ってみたい」

「広告の概念すら変えるような、さまざまな領域を横断する新しい仕組みのキャンペーンを世の中に生み出したい」

「広告クリエイターはアーティストじゃない。商品が売れなければクライアントは満足しない。商品が売れる広告を目指したい」

これらはすべて、それぞれのクリエイターにとっての、広告へのひとつの解です。広告クリエイターの数だけ、作りたい広告の数があり、広告にたったひとつの正解を求めることはできません。これは広告の真理です。

しかし、広告業界で仕事をしている限り、どうしても売り上げやイメージアップへの結果が求められます。それゆえ、「これが正解だ」と言うための、広告の良し悪しについての指標を持っていなくては、クリエイティブディレクターは務まりません。

では、広告を正解たらしめる魅力とは何なのか？ 僕は、広告には正解がないから魅力的なのだと考えるようにしています。「正解はない」ということを肯定した上で、自分で正解をつくってゆくことこそがクリエイションであり、広告クリエイターの仕事だと思うからです。

とはいっても、広告賞が狙えそうな自由度と創造性の高い広告制作と、自由度や創造性は高くはないけれど、収入面で安定している広告制作との業務バランスは、広告業界で名を上げたい若手クリエイターたちにとって、それなりに由々しき問題であり、いろんな葛藤があり、悩み、時には優秀なクリエイターに対して嫉妬したりします。

彼らに僕が「広告には正解がないから魅力的なのだ」と言ったところで、どこか肩透かしのような印象を与えるだけなのかもしれない。しかし僕は、広告クリエイターはこのゴールのない闘いにどれだけ立ち向かえるかで価値が決まるといっても過言ではないと思っています。

広告の全てに、正解がないわけではありません。広告は、「媒体」という観点では、非常にデータ化が進んでいます。古くはテレビのスポットＣＭの打ち方から、効果測定方法、近年のデジタル領域においても数々の指標があり、所定のランディングページをどれだけの人が訪れたかを細かく数値化するといった、ターゲットからの反応を可視化することもできます。クライアントも広告会社も、得られたデータをもとにＰＤＣＡ（Plan：計画→Do：実行→Check：評価→Act：改善）のサイクルを回し、分析し、広告論を語るようになってきています。つまりメディアの選定方法や打ち方に関しては、事後の効果検証によって、どの広告が定量的な正解だったかは、明確に分かるわけです。

その一方で、定性的な、クリエイティブのアプローチに関してはデータ化されておらず、万能な体系学や方法論は生まれていません。


クリエイティブに正解が無いのは、常に人の感情という、数字で綺麗に割り切れないものを扱うためです。その評価は多くの場合、人の好き嫌いに左右されます。つまり、同じクリエイティブを見る人が10人いれば、10の意見が出ることが自然なのです。好きな部分も嫌いな部分も含めて意見を持ち、誰かに話したくなる。そうした感情を生み出すことこそがクリエイティブの、計り知れない魅力なのです。

そうした感情の積み重ねがときに大きなうねりになり、ムーブメントを生んだり、ロングセラーとなる商品のイメージをつくりだしたりします。

どんなに成功したクリエイティブの始まりも、必ず答えのない問いへの戦いがあるはずなのです。広告に答えがないことを肯定し、必要な答えを自力で集めながら、少しずつ自分が正解だと思える広告に近づいていくこと。そんなことができるクリエイターこそ、魅力的な広告を作れると信じて、僕は日々仕事に向かっています。

お買い物に正解はない

お買い物も広告に似て、正解がありません。それでいて、お買い物も正解を求めるためにさまざまな数値化と計算を行います。

「売上＝客数×客単価」

これは百貨店のみならず、モノを売る会社に入れば、誰しも最初に覚える数式です。

企業はこの数式に則って、売上を増やすため、戦略を立て、さまざまな施策を行います。固定客を減らさないように守り、新規客を増やそうとします。来店頻度を高める手立てを毎年毎日毎時間、さまざまな角度から検証し、計画します。

また、それぞれの売り場では客単価を上げるために、提案性の高いＭＤ施策を徹底します。これらの施策は前年までの売上データによって計画され、実施されます。これらはいわば、お買い物の正解を求めるために、企業の側で行われる計算です。

その一方で、売り場はまさに計算不能の大自然です。同じ商品でも、購入に至るモチベーションは、お客さまの数だけ存在します。たとえ同じ商品を購入したお客さま同士でも、その人たちのファッションや好み、年齢層が同じとは限りません。お客さまがそれぞれに商品と出会い、それぞれの理由で購入する。そこには、お客さまひとりひとりの顧客満足があるのです。

僕は伊勢丹時代、計数的な売上視点からは目を離して、売り場に立っていました。伊勢丹の売り場では「机の上でデータとにらめっこするな。現場に必ずヒントがある」という考え方が重んじられていたのです。それは、ひとりひとりのお客さまに目を向けて対応することで得られる顧客満足が売上を大きく変えることを、売り場に立つ誰もが知っていたからです。

さらに現在は消費者を取り巻くお買い物の方法も様変わりし、インターネットショップでも多くの人がお買い物をする。その中で何度も選ばれる、顧客満足の高いお店になるためには、商品だけでなく、販売のサービスの充実化が必要です。

「あなたのオススメを聞くと、ついつい欲しくなってしまうのよ」というお客さまの言葉に、販売員の誰もが憧れます。たとえ他の店で同じものを買えるとしても、贔屓にしてくれ、いつでも店に足を運んで買ってくださるお客さまがいれば、販売員冥利に尽きるものです。この顧客満足は、結果的に「売上」という数字になって証明され、計数的な販売戦略に用いられるのですが、その数字が生まれる前には必ず、正解のない売り場の戦いがあるのです。実際に売り場を見ていると、そこには豊かな人々の感情の交換があり、とても数字では語れない、計算できないドラマがある。その積み重ねが「売上」をつくるということを、僕は売り場で学びました。

売り場では陳列の仕方や販売員との相性、商品の良さを語る熟練された話術などが顧客満足を左右します。よく「売り言葉と買い言葉」と言いますが、「売り言葉」は、売る側が売りたいために言う言葉です。一方の「買い言葉」はお客さまが買いたいと思うことがはじまりです。そのふたつの言葉が呼応し合えば、それが購入に、満足へと結びつきます。

よく売れる販売員は、いろんな話の引き出しを持っているものです。彼は理想的な買い物を一つの言葉で言うのは難しいということを心得ているのです。そして、お客さまもひとつのものに対して複雑な感情と言葉がある。人がモノを選ぶときには、人の数だけ満足がある。人が買い物をするには、人の数だけ理由がある。広告もそれに似ているのだと今は思います。

広告は、やはり〝広告〟なのである

「で、結局ターゲット誰よ?」

2度の休憩を挟んだミーティングもいよいよ佳境。腹も減ったし頭も使い過ぎた。机の上には食べ散らかされたお菓子のゴミと、空いた缶コーヒーが並んでいる。それでもまだターゲットは見つからない。――そんな状況下で、メンバーの誰かが…

「…オールターゲットかも?」と、ふとつぶやいたとき、案外それが答えであることは多いものです。

オールターゲット。――ターゲットとはそもそも「的」の意味であり、それが全て（オール）であればそもそも的ではない。この自己矛盾した言葉が、ある意味、広告とは何かを物語る上では〝的を得ている〟ともいえます。広告はあくまで「広く告げる」ものであるべきだからです。

広告戦略におけるターゲットやサブターゲットを設定する際に、デモグラフィックやペルソナなど、散々ターゲットインサイトの議論をしても、結果的にCMが流れるTVのスイッチは誰でも押すことができるという真実の前では無力です。言ってみれば、テレビCMをはじめとした広告は、極論としてオールターゲットを前提としているという見方もできます。

こうしたことは百貨店の売り場でも起こります。お客さまは売る側の意図から外れて、いろんな理由をつけて商品を購入しているものです。たとえば僕が伊勢丹にいた頃、風味が素晴らしいと紹介し、売り場に並べていたシチリア産の1本5000円のエキストラバージンオリーブオイルをカゴに入れていた女性がいました。年齢は60代前半といったところ。「イタリアンをつくるのですか?」と聞いてみると、そんなことはないと言います。購入理由は「健康に良いから」。

健康に良いだけであればエクストラバージンである必要はないのかもしれませんが、彼女にとってはその理由が最も意思決定において重要なことだったのです。また、この商品のカタログには産地のアンダルシア地方の文化や風土が紹介されていたことから、オリーブオイルのことは全然知らないけれど、たまたまそのアンダルシア地方の雰囲気が好きで買っている人もいる。紅茶やコーヒーでも「味は別の銘柄が好きなんだけど、こっちの方がデザインが好きで自分の近くに置いておきたいの」と言って、いわゆる「ジャケ買い」で食品を買っていく方もいたりして、本当に買われ方は選べないものだと何度も感じました。

広告も、受け手の受け取り方は選べません。大人向けのコミュニケーションとしてつくったCMでも、子どもがコマーシャルソングを覚えて世の中のブームになることがあるように、広告はどこから火がつくかわからない。だから〝広告〟でもあるのです。

とはいえ、限られたクライアントの予算の中で、大切な宣伝費を預かり、メディアプランニングさせていただく我々の立場からすれば、効率よく戦略ターゲットに広告を届けることが使命です。それゆえ、「オールターゲットだ」と発言することは職務放棄だと思われるきらいがあります。

だからといって、ターゲットの心を動かすのがターゲットの家族だったり、恋人だったり、友人だったりする例がこの世の中にいくらでもあることを忘れてしまうのは、広告的にあまりに損失が大きい。そういったターゲットへの「間接的アプローチ」の手法で成功してきた広告事例が過去にいくつもあるからです。そもそも「広告」という存在が、広く世の中に物事を告げるという言葉である以上、仮に一部の人たちに熱狂的に好かれても万人に愛されない表現は、むしろ広告的ではないのかもしれません。

僕は、ターゲットを見失わないという前提においては、オールターゲットの強みを活かしてこそ広告だと思います。そうした経験から、広告には「ターゲットを見つける」というよりも、「ターゲットを見失わない」ということの方が大切な気がしています。

ターゲットを見失わない前提において、商品を売るための可能性をできるだけ多く想定し、それらをカバーするクリエイティブにしてゆく。それが強いオールターゲットの広告なのだと思います。

ドライな情報からは何も生まれない

広告づくりは、クライアントとの折衝・交渉の連続です。そのプロセスで忘れてはいけないのは、モノをつくっているのはあくまでクライアントであり、広告会社はモノを売るためのコトづくり担当なのだということです。

広告業界で仕事をしていると、頭の回転の速いマーケッターが、カタカナ言葉を並べ立て、クライアントを言い負かし、しばし強引に提案を押し進めていく場面に出くわします。専門的なマーケティング用語、メディア分析用語、クリエイティブ用語やデジタル用語に調査資料の数字など〝ドライな情報〟を並べ、さも「これが最新の考え方です」とクライアントを黙らせてしまう。

しかし広告会社が、モノをつくっているクライアントへの尊敬を失ったところでコトづくりをして、良い結果を出せたということは少ないように思います。やはりクライアントはモノづくり、広告会社はコトづくりという、異なる立場から、同じエンドユーザー視点を持って並走することで最高な広告がつくれるものだと僕は信じています。

広告会社は、ついつい良いカッコをしたくなるものです。自分たちで商品の見えざる魅力や、社会に伝えるべきことを見つけたときは「この業界を変える商品の登場だ！」「世に新しい風が吹く」と、いかしたキャッチコピーやビジュアルで世に伝えたくなります。

しかし広告会社は、広告戦略を知り尽くしたプロ集団ではあっても、クライアント企業のように商品をつくらず、在庫も持たず、さらにお客さまへリアルに商品を販売するBtoCのビジネスも行っていないのです。

モノづくりから離れたところでコトづくりをしてしまうと、クライアントの視点から見たときに、リアルなエンドユーザーの視点と乖離してしまうような広告をつくってしまうことがある。僕はそうした事態を避けるための実践のひとつとして、クライアントに提案を行う際、なるべく流行りのカタカナ言葉を使わないように心がけています。

これも百貨店での経験が生きていることなのですが、百貨店は華やかな売り場とは裏腹に、バックヤードには在庫のダンボール箱が積み上げられており、バイヤーやセールスマネージャーたちはそれらのダンボール箱と毎日にらめっこして「どうやったら売れるんだろうなあ」と悩み続けます。その泥臭い日常には誰かを「分かったつもり」「売れたつもり」にさせるようなカタカナ言葉なんてどこにもありません。ただ目の前の売り場の中で、試行錯誤を繰り返して、自分なりの答えを見つけていくしかないのです。

そんな百貨店から広告業界に移ってきたとき、僕もカタカナ言葉やドライな情報で案件を動かしていくことに慣れるのには苦労したものです。それゆえ僕は、カタカナ言葉についていくのが必死のクライアントに感情移入してしまいます。

クライアントとは、カタカナ言葉を並べるよりも、ダンボール箱を並べて話していく方がいいようです。つまり、モノをつくることの尊さを理解しようと努めながら、売ることの難しさを話し合うことが、同じエンドユーザーを見るための共通言語のようなものなのだと思うのです。

クリエイターはエンドユーザーと話そう

広告会社ではエンドユーザーを知るため、調査を行います。現在は多くのクライアントが、市場調査はもちろん、自社の製品やサービスについて数々の調査を行っているものですが、コミュニケーションに関する調査は、広告会社と一緒に行うことが多い傾向にあります。僕はこうした調査の、とくにインタビューには積極的に参加するようにしています。

広告会社関連の方にとってはおなじみの風景ですが、一般人からの参加者を数名募り、広告やパッケージデザインについて語り合う「グループインタビュー」が行われます。プロのモデレーターがテンポよく話を進め、参加者たちは意見を出し合います。そしてクライアントはその様子を、部屋のマジックミラー越しに見ている、という風景が一般的です。そして、広告会社のクリエイターは行われた調査を紙の資料で見て、クリエイティブのアイデアをつくっていきます。

しかし、そうして紙の資料になった調査からは、最も重要な情報が抜け落ちていると僕は感じています。

たとえば最近では、「若い人はお酒を飲まない」ということが定説になってきています。これは広告会社各社の調査から共通してもたらされた結果であり、実際にグループインタビューをしてみると、明らかに数年前よりも若い人の1ヶ月あたりの飲む頻度が下がっています。さらに若い人はアルコール度数の高いお酒も求めません。会社の飲み会への参加にもポジティブな意見は少ない。

お酒を飲まない、強いお酒は嫌い、飲み会も嫌い。この調査結果が資料になると、「若者は数年前と比較するとお酒を飲まなくなった」ということになります。この調査結果は確かに今の若者の特徴を映し出しているでしょう。しかし、自分自身で調査に参加してみると、その調査結果があくまで若者の一面を切り取っているだけだということに気づかされます。

僕はたとえば、「飲み会が嫌いだ」という意見をさらに掘り下げてみたりします。すると「上司と良い関係性を築けていない」「会社の人たちとは、誰とでも打ち解けられるわけではないので、落ち着かない」といった、お酒そのものではなく、そもそも人間関係が問題になっていたりすることが分かります。こうした意見を聞いているうちに、どうやったら彼らにお酒や、お酒を楽しむ時間を好きになってもらえるか、というコミュニケーションストーリーが、具体的なアイデアとして膨らんでいきます。

実際にクリエイター同士の企画の打ち合わせがそうなのですが、ひとつのキーワードから、さまざまなアイデアが広がっていく瞬間があります。打ち合わせの中で、その優れたキーワードを見つけるのも、クリエイティブディレクターの役割です。そういう意味では、エンドユーザーのグループインタビューで、アイデアの広がりやすいユーザーインサイトを見つけるのも、勘のいいクリエイティブディレクターは上手いはずです。

僕は、エンドユーザー調査に関しては、できる限り参加しますし、役割はマーケッターではありませんが、調査設計を自ら組むことも多いです。クリエイターは、クリエイティブの表現手段について具体的な知識を持っているからこそ、エンドユーザーのインサイトに直接触れ合うことで、有意義な発見や新たな可能性を見出せる、質の高い調査ができると考えているからです。

調査の現場は、いわば百貨店における売り場なのです。売れる商品を熟知している目利きのバイヤーでも、売り場に出てこなければ、売れる商品棚はつくれない。実際のお客さまがどんな消費行動をしているか、陳列方法を少し変えるだけで商品が動くことを目の当たりにして試行錯誤をしてゆく中で得た情報は、何にも代えがたい。ＰＯＳデータの端末で、１時間ごとの売上データは分かっても、そこから売れる商品棚をつくるためのアイデアは出てこないのです。だから伊勢丹では、バイヤーでも「商談ばかりではなくて売り場に出るように」と言われていました。

広告会社のクリエイターも実際に広告を届けたい人、エンドユーザーと直接会って話すことで、はじめて彼らに届く広告が作れるのではないでしょうか？　それはときに、いろんなカタカナ言葉を追いかけたり、紙の調査資料を読んでいるだけでは分からないことを教えてくれます。

CHATEAU MAROGO

対談

Depart.
髙橋宏之

×

良品工房 代表
白田典子さん

Talk

Noriko Hakuta

考えよう、顔が見える「欲しい」のつくりかた

「欲しい」って何だろう？「欲しい」という気持ちが生まれる時、そこには人とモノのいい出会いも同時に生まれているはずです。今の広告はそうした出会いを、ちゃんとつくれているのでしょうか？

Depart. のスペシャルアドバイザーの白田典子さんは、日本中を飛び回って、「いいもの」と人との出会いをつくり続けています。白田さんが集めた「いいもの」が売られている、東京駅構内・エキュート東京にある『ニッコリーナ』を覗いてみると、そこには日本各地から集められたチーズ、お漬物、ハムなどの燻製食品、缶詰が所狭しと並びます。そのどれもが、ここにしか売っていない、ユニークな顔ぶれです。

手に取ると、ついつい欲しくなる。気づけばなんだか、自分の顔も、いい顔になっています。いいモノとのいい出会い、白田さんはどんなふうにつくるのでしょうか？ そして広告がいまつくるべき、モノとの出会い方とはなんでしょう？（この対談は2016年1月6日に行われました）

【買う人が『いいもの』を決める】

髙橋　白田さんの職業って、あえて言うとしたら何になるんでしょうか？

白田　なんでしょうね？　ブローカー？

髙橋　「いいもの」ブローカー（笑）。やはり白田さんの職業は、白田さんとしか表現のしようがないですね。

白田さんと初めてお会いしたのは、僕が伊勢丹で食品担当の社員だった頃。伊勢丹では「いいものを探したければ、白田さんに聞けばいい」と、先輩たちからその名を知られる存在でした。

そして1994年に起業された『良品工房』の「いいものプロジェクト」は印象的でした。消費者モニターをつかって、生産者やメーカーとともに、本当に「いいもの」をつくりあげていくプロセスに、僕は感銘を受けていました。

白田　私は「買う人が『いいもの』を決める」という考えのもとに、良品工房を始めました。従来、「いいもの」は提供する側や専門家側、さらには広告する側が決めていたけれど、私たちは提供される側が決めるんだと考えて行動していたのです。

髙橋　良品工房ではこれまで、つくり手はI社3品まで5万円でモニター30名のテストマーケティングを申し込める「いいものプロジェクト」というのを続けてこられました。消費者モニターの7割が「買いたい」と評価し、良品工房が認めた商品は「みんながえらんだいいもの」と認定され、「いいものシール」を貼れる、という仕組みですね。これが消費者の判断による「本当にいいもの」というグレードになるわけです。

インターネット黎明期からのスタートでしたが、まさに今日のソーシャルメディアの登場を予期したようなマーケティング手法だと感じました。

白田　たしかにそうかもしれません。現在はエントリーの仕方や料金について、さらに洗練させようとしています。シールの発行も、よりよい方法があるのでは、と模索しているところです。

髙橋　プロジェクトも進化し続けているのですね。そもそもどのようないきさつでスタートしたプロジェクトだったのでしょうか。

白田　最初は本当に小さな取り組みでした。地方の、いいものを作ってるけれど営業力が不足しているメーカーさんに商品を提供してもらう代わりに、消費者アンケートを行っていたんです。スタッフみんなで自転車で50軒ぐらいに商品を配って、使った実感、食べた実感をフリーアンサーで書いてもらって、集めていました。そうして活動しているうちに「これは仕事にしたいな」と思いはじめたのがきっかけでしたね。

髙橋　「いいものプロジェクト」の仕組みが、当時は珍しかったですよね。「モニター」を抱えて商品を評価する」ということが仕事になる時代ではなかった。そして今でこそ地方のいいものを集めた物産展はおなじみですが、当時、白田さんが地方のものを自力で集め、展開されている姿は斬新でした。

白田　私はあるとき、あるバイヤーに面白い質問をしたことがあるんです。その質問は「『いいもの持ってくる変な人』と『変なもの持ってくるいい人』のどっちが好きですか？」でした。

高橋　（笑）。

白田　すると、その10歳年下のバイヤーさんは「何言ってるの？　そんなことも分からないの？」といった口調で「いい人に決まってるじゃない。ものは変えられるけど、人は変えられないから」と。面白いですよね、もちろん棚に並ぶまでしっかり吟味されますが、いい人だったら変なものを持ってきても怒られないわけです。このとき「百貨店はすごいな」と思ったんです。

高橋　白田さんの持っている情報は、物産展を開催するなら、ノドから手が出るほど欲しいものなんです。バイヤーが、詳しくもない地方の名産品を、二泊三日の出張で調べ尽くすことなんて不可能に近いですからね。

【「欲しい」をつくる、広告と売り場の共通点】

髙橋　今では東京駅構内のエキュート東京に『ニッコリーナ』の店舗を構えて、日本各地の生産者から、美味しいもの、いいものを集めておられる。どうやって集めて来られるんですか？

白田　あちこち走り回ってます。また、うちのお店に並んだら、他のお店からも生産者へ声がかかりやすくなるんです。ニッコリーナはいわゆる登竜門ですね。展示会をやるときに必ず立ち寄ってくれるリピーターも多いですし、全国からいろんなバイヤーも来ます。それゆえ、日本中から商品が集まりやすくなっています。
最近では百貨店などの商談室に、私はほとんど行かないですね。むしろニッコリーナの「Facebook の写真を見て、商談が始まることもあります。

髙橋　僕が白田さんにDepart.のスペシャルアドバイザーとしてお声がけしたのは、白田さんのつくり手と売り手と買い手の繋ぎ方を、広告制作に活かしていただきたいと思ったからなんです。白田さんの手にかかれば、それまで繋がらなかった人々が結びつく。ものには、つくり手それぞれのひらめきやアイデアがある。それをお客さま視点や購買動機視点でうまく繋げてゆく方法論に、僕は強い関心があるんです。

今はお店では、どんな企画展をされるんですか？

白田　去年の3月にはニッコリーナで「ほしいも企画展」を行いました。茨城県のメーカーのほしいもを「品種別」「切り方別」「干し方別」で十種類販売しました。味の違いや食感の違いも全部分かりやすく、パネルを自分たちで手作りしてまとめました。すると1ヶ月で約300万円売れたんですよ！

髙橋　ほしいもだけで！

白田　そうなんですよ。他には「黒潮町の缶詰展」。黒潮町は「防災のまち」をコンセプトにまちづくりをしていて、非常食の缶詰づくりに力を入れています。なるべく多くの人が食べられるように7大アレルゲンが一切含まれていない缶詰を作ってるんです。面白かったのは、1缶ずつも売れるんですが、2缶セットも売れるんです。

高橋　なぜ2缶セットが売れるんですか?

白田　購買動機の違いだと思います。1缶買うときは「新幹線の車内での自分のおつまみ」。一方で、少し見栄えのいい2缶セットはプレゼントになるんです。アヒージョとパテが入った、ちょっとかわいい缶詰は「価格帯は1000円以下のちょっとした贈り物」に最適なんです。同じ缶詰でも「つまみが欲しくて買う人」と「贈り物が欲しくて買う人」がいるんですよね。

塩などの調味料でも一緒です。高価な塩も、飾り気のないビニールのパッケージでどっさり売っているのと、かわいい箱に入れられて30グラム300円で売ってるのとでは、手を伸ばす人が全く違う。塩は「塩が欲しい人」が買うんじゃなくて、「何か小さな箱で、300円ぐらいで配れる、かわいいものが欲しい」と思ってる人が手を伸ばすんです。美味しい・美味しくないではなくて、お客さまが買い方にどんな意味を求めているか、ということなんです。それに応えられる形状で2個入りセットにしておくとか、催事用に「おかあさんありがとう」なんてシールを貼っておくだけで、動かなかった商品が動いていくことがけっこうある。

髙橋　今おっしゃっていた話は、僕からするとクリエイティブディレクションなんですよ。缶詰や塩の話はまさに広告の話に近い。クリエイティブを少し変えるだけで購買動機が変わって、買われなかった商品が動き出す。「このシーズンだったらプレゼントの切り口で売ったほうが新しいお客さまを捕まえられる」といった発想ですよね。

お客さまにどんなふうに欲しがってもらうかを設計するのが広告です。それは売り場での、お客さまのお買い物の楽しみ方の提案に通じるものがある。

【つくり手、売り手、買い手を繋ぐ、「顔が見える」気持ちよさ】

髙橋　広告会社が直面しがちな問題に、エンドユーザーのために広告をつくるはずが、それを全く忘れてしまってクライアントに迎合しがちになるというものがあります。つまり、クライアントのための広告づくりをしてしまうということです。広告会社にとっては、ビジネスである以上はクライアントを重視するのは仕方のないことですが、最終的にはエンドユーザーが喜んでくれて、それが売上になるはずです。僕たちDepart.は、クライアントとともにエンドユーザーを志向する広告作りをすることをミッションとしています。白田さんはニッコリーナなどでいつもお客さんを見ているけれど、広告のこうした課題ってどうすればいいと考えますか?

白田　私たちは「顔が見える」ということを、本当に追求しています。つくり手である生産者、売り手、買い手はなかなかお互いの顔が見えない。だからうまくいかないことがあるんです。たとえば、私たちに協力いただいているモニターさんからのアンケートは、生産者の工場に、そのままお送りします。集計したり、マーケッターが自分のフィルターを通してレポートしたりはしない。手書きのフリーメッセージをそのまま送るんです。

工場で製品を箱につめて「いってらっしゃい」をしていただけの生産者の人のところに「台所で実際に使って、いつもとこんな風に使い心地が違った」とか、「子どもが『おかあさん、今日の海苔弁はすごくおいしかった』と言って空っぽの弁当箱を台所まで持ってきたんです」といった、お客さまの生きた言葉が入ってくるようになる。もちろん顔も知らないし、会ったこともない人からのメッセージだけれど、その言葉は社長や他の誰かの言葉よりもまっすぐに、つくり手の心に届くんです。これが本当に「顔が見える」ということだと私は思っているんです。

なにより、工場の社長が一番喜んでくれています。「同じアドバイスでも、自分が言うよりもお客さまの声の方が社員に効き目がある」って（笑）。

髙橋　僕は市場調査などにも参加していて、エンドユーザーのグループインタビューにも参加するようにしています。すると、マーケッターの報告資料では見えてこない、どんな人がどんなことを言っていたかが全部ストーリーとして自分の中に入ってくるんですよね。生の言葉には真実味があるんです。

たとえば、あるお酒のお仕事で、グループインタビューを行ったとき「パッケージのデザインが恥ずかしい」という意見がありました。その商品はこだわり・本格のイメージを強く打ちだし、ターゲットも男性寄りなので、非常に男っぽいパッケージデザインなのです。しかし実際には、主婦の方が夫のために買う場合もあり、その立場に立ってみれば、スーパーのお買い物カゴに入れるのをためらう気持ちもある、というインサイトが見えてきました。

こうしたリアルな声は、自分で参加して、聞いてみないと出てこない。そしてこれはクライアントにとって、とても重要な情報です。

白田　いわゆる広告会社は、ときに生産者と消費者の関係を難しいものにしてしまいますよね。生産者と消費者の人が直接話をすると、すごく通じやすいことを私は何度も見てきました。しかし、間に広告会社や問屋が入ってくると、途端に話が難しくなることがある。

髙橋　広告会社は本来、広告する物をより広く、多くの人に見てもらったり、世に広く知らしめるためのプロであるはずです。しかしマーケッターがいて、クリエイティブディレクターがいて、PRがいて、プロモーションがいて…というように、たくさんの関係者のフィルターを通ることで、生産者の生のメッセージがだんだんドライになって、広告が、いわゆる「よく耳にする」定型のフォーマットにはめられていく。そうすると結局、最も大切な、エンドユーザーに届かせるための鋭さや鮮度がなくなってしまうんですね。

白田　私たちはお客さんから来たはがき一枚で、つくり手の気持ちが大きく変わることを目の当たりにしてきました。お客さんの声はすごく強いものなんです。また、売り手である私たちはつくり手に「届いた商品はここに並びました。受け取ったときに段ボールを開けたらこんな状態で届いています」と写真を撮ってお店から送ってあげる。そして「並べるときはこんな風に不便だったり、損してますよ」とか、リアリティ満載の声を販売から届けるということも事業としてやっています。

私たちのそうした活動は、お店に来ていただいているお客さんにも伝わっているんだと思います。私たちは、みんなの本当の顔を、できるだけまっすぐに見えるようにしたいんです。

PROFILE

白田 典子さん

NORIKO HAKUTA

良品工房代表。大手広告代理店を経て、結婚後はマーケティング会社で商品開発に携わる。出産を機に専業主婦に。10年の期間を経て、1994年に有限会社良品工房を設立。流通の現場を体験するなかで、エンドユーザー不在のものづくりを痛感し、2001年につくり手、売り手、買い手をつなげる“いいものプロジェクト”をスタート。地域の商品を販売しながら集めたエンドユーザーの声を届けようと、日本全国を駆け巡る毎日を過ごしている。

4F

プレゼンは、
プレゼントである

Depart.

プレゼンは、広告に限らず全ての仕事にとって、もっとも大切なビジネススキルのひとつです。大きな会議室で、大勢のクライアントに自分たちの考えを伝えるプレゼンから、クライアント企業の重厚な雰囲気の役員室で、少人数で行われる社長プレゼン、さらには1対1の営業セールストークだってプレゼンです。

仮に百年に一度出るか出ないかの、誰が見ても優れているアイデアだと分かっているものであれば、プレゼンは不要かもしれません。

しかし僕たちクリエイターは、自分たちのアイデアが優れているかを先回りして知ることはできません。百年に一度の優れたアイデアも、残念ながらそうでなかったアイデアも、最初はみな同じ「いちアイデア」です。

たったひとつ明らかなのは、百年に一度の優れたアイデアかどうかが分かるのは、プレゼンの後だということです。どんなに優れたアイデアでも、世の中に出なければ意味がない。つまり広告会社としての仕事の成否は、プレゼンの出来が握っている、とも言えるということです。

プレゼンには〝新しさ〟を

これからお話しすることは「プレゼンの基本」のようなノウハウではありません。緊張のほぐしかたや、噛まずに話せるコツ、プレゼン資料のまとめかたについては、ぜひ気に入った専門書を1冊お読みいただくと良いと思います。ここでは僕たちDepart.がプレゼンで実践していることに着眼して、お話ししたいと思います。――このように、僕はプレゼンの最初に、その企画に対する自分の「着眼点」を明確にします。

プレゼンは、資料を用いた分析などを通し、アイデアを提案するものですが、その前提となる発表者側（つまり広告会社側である僕）が「どんな視座に立ち、何に目をつけたのか」がきちんと聞き手と共有されていないと、案外、言ったことが伝わらないことが多い。最初に着眼点が明示されないと、聞き手それぞれは「自分の視座」でそのアイデアを判断してしまうからです。

「伝えたはずが案外伝わらない」のは多くの場合、発表者の着眼点が共有されていないことが多いのです。よって、冒頭でお話ししたように、しばしば露骨に「僕はここに着眼して、お話しします」というように、言葉で伝えると効果的です。

また、プレゼンをしていると、聞き手の頭がコックリコックリと傾き、眠り始める人が目につき始めてモチベーションが下がる、ということもあります。

プレゼンを最後まで聞いてもらうためには、着眼点が明確なだけでなく、〝新しさ〟が感じられる必要があります。やはり新しさのない着眼点で始まったプレゼンは、聞く側も最後まで集中力が続きません。発表者側である広告会社に期待が持てないからです。

そして今、僕たち広告会社に求められる新しさへの期待は、どんどん高くなっています。

以前は広告会社のマーケッターの視点こそが、時代の新しい着眼点としてクライアントに受け入れられていました。それはクライアント企業の多くが持ち得ない新しさを、広告会社のマーケッターの多くが持っていたからです。

しかし今では多くのクライアント企業もマーケティングが充実していて、市場調査やエンドユーザー調査も独自で行っています。広告会社に「マーケティングコンセプト」があること自体が「新しい」とクライアントに思われることは少なく、むしろ広告会社は、クライアントがすでに知っていることを「新しい」とプレゼンで言ってしまい、嘲笑の的になることを警戒しなければならないほどです。

さらに4社や5社が同時にプレゼンをする企画コンペでは、他社と一線を画したユニークな着眼点がなければ、勝てるはずもありません。

そうした着眼点を得る上でヒントになるのが、エンドユーザーの声です。先述しましたが、僕はグループインタビューなどの調査にも参加し、積極的にエンドユーザーからの意見を聞きます。そうした中で得たアイデアをコンセプトに活かすこともありますが、プレゼンにおける着眼点を得る機会としても非常に役立ちます。形は違えど、やはり「答えは売り場にある」のです。

クライアントへの説得力は、クリエイティブのアイデアとエンドユーザーへの距離が近いほど強くなります。エンドユーザーをしっかり捉えたクリエイティブを出せるクリエイティブディレクターには大きな付加価値があると僕は思います。

また、時代の要請とも言えますが、広告会社の中でも分業の壁が徐々に壊れてきています。かつての、いわゆるマーケッター、クリエイター、デジタル、プロモーション、PRなど各セクションでバケツリレーをしていくようなプロセスではなく、兼業が当たり前になってきています。

クリエイティブまでをカバーするマーケッターや、マーケティングのみならず経営を語れるクリエイターなど、これまでの分業体制では見えてこなかった着眼点も、これからは新しさの一つになることでしょう。

良い出口を探すのなら、良い入り口を見つけよう

着眼点を見つけるプロセスは、いわば自分たちの提案するアイデアの「入り口の設計」です。

過去の素晴らしいレストランでの食事を思い出してみてください。今、頭の中で「素晴らしい」と記憶されているレストランは、結果的には味を覚えています。

しかし、その味を「記憶するに足るもの」にしているのは、そのレストランの入り口の設計であることが多いものです。たとえば、お店に入ったときに包まれる空気感、ウェイターや料理人の接客、あるいは一緒に行った親しい友人など、料理が載せられたお皿に至るまでの間のすべての入り口の設計の素晴らしさがあるからこそ、料理を美味しく味わえる。そして素晴らしい時間が終わるとき、良い思い出というストーリーを持って出口から出て行くことができる。それゆえにもう一度行きたいと思う。さらに再訪することで、より素晴らしいレストランとして強く記憶されていく…。

料理の期待値を上げる入り口の設計のないレストランに魅力がないのと同様に、着眼点で期待値が上がらないアイデアは、聞いていても退屈です。そこで僕たちDepart.は、新しい着眼点を生み出すためにスペシャルアドバイザーの力を借りています。

Depart.では、案件に応じて、さまざまな有識者をスペシャルアドバイザーとして制作チームに加え、企画のブレストに参加していただいています。スペシャルアドバイザーの方々は、実際にその分野の「売り場」を知っている方々です。活躍されている業界こそ違いますが、多くのエンドユーザーと触れ合い、豊富な知識や経験を有する視点を共有できることは、僕たちクリエイターにとって非常に貴重な機会です。彼らと直接意見を交換し合うことによって、常にユニークなアイデアのコラボレーション効果が生まれています。

Depart.の専門領域はフード、ファッション、ライフスタイル、ビューティーそしてミュージックに分けられます。それぞれの専門領域にスペシャルアドバイザーがいて、クリエイターとアイデアをコラボレーションします。広告制作において、売り場視点で勝算を見出していくのがDepart. のメソッドであり、それらの知見はプレゼンにも盛り込まれます。

プレゼンは、クライアントをこちらのストーリーに巻き込む場です。そのためには、クライアントに「この入り口だったら入ってもいいかな」と思ってもらうことが一番大切です。

終わった後に、全く質問がされないプレゼンや、話していて全く共感を感じられないようなプレゼンは、アイデア自体が悪いのではないかもしれません。それは、入り口の段階ですでにクライアントの集中力が切れていたのです。

Depart. Case

ワコールへ提案した「ロングセラーの設計」

2016年3月。日本屈指の下着メーカー『ワコール』から、今までのブラジャーの概念を覆す新機能を持った商品が登場しました。Depart.では、このブラジャーのブランディングを担当させていただきました。

ワコールから制作依頼をいただいたとき、僕は資料の中で非常に印象的な1行に出合いました。

「カラダをブラに合わせるのではなく、ブラがカラダに合わせてくれる。」

女性の多くにとっては、あらかじめサイズの決まった既成品のブラジャーを着用するのが当たり前です。しかし、ひとことにサイズといっても、身体のシルエットは千差万別です。たとえ同じ胸のサイズ、同じカップサイズでも、丸型の胴や平型の胴など、スタイルによって、本当にベストな着け心地を感じられるブラジャーのかたちは微妙に変化するといわれています。

ワコールの新製品は、新しく開発された「3D同化フレーム」という新素材によって、ユーザーひとりひとりのさまざまな体型に合わせた最適なフィット感を実現します。もうフィット感を求めてさまざまなブラジャーのトライ・アンド・エラーをする必要もなく、無理をして身体に合わない既成品を身にまとう必要もない。このブラジャーは、「カラダに合わせてくれるブラ。」という全く新しい発想を女性に身に着けてもらうために生まれたのです。

ワコールは、「世の女性に美しくなって貰う事によって広く社会に寄与する」という目標を掲げている会社です。その実現に向け、女性の身体を科学的に研究し、ものづくりに生かすため、「ワコール人間科学研究所」というバックボーンを持っています。この研究所は１９６４年の設立以来、４歳から69歳までの女性を中心に、毎年約１０００名の身体を計測し、莫大なデータを収集しています。今回の新商品は、女性たちの身体に関する、長年の研究と、豊富な知見が形になったものなのです。

自分たちのつくりたい価値が非常に明確に表現されたその資料の中の1行は、商品機能の解説でありながら、既にコピーライティングされているかのように感じられました。同時に、下着メーカーとして約70年の歴史を持つワコールが勝負に出る、本質的な自信もうかがえる言葉でした。

僕たちがこのワコールの案件で最も大切にしたかったことは、この画期的機能を持った新商品を必ずやロングセラー商品にすることです。従来商品と比較しても、圧倒的な機能的優位性があるこの新製品を、小手先の差別化的表現でデビューさせ、一過性のベストセラーで終わらせるのではなく、ワコールという企業の価値を長い時間をかけて代弁するためのロングセラーに位置づけようとしたのです。

SUHADA

美しく、ここちよく ひとつになる。

■SUHADA ロゴ

■SUHADA　春ポスター

■SUHADA　夏ポスター [2016.5 月〜掲出]

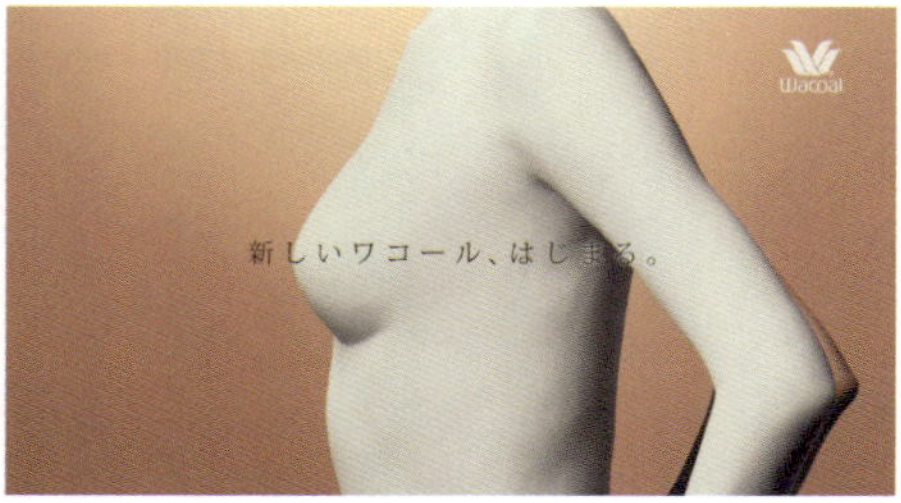

新しいワコール、はじまる。

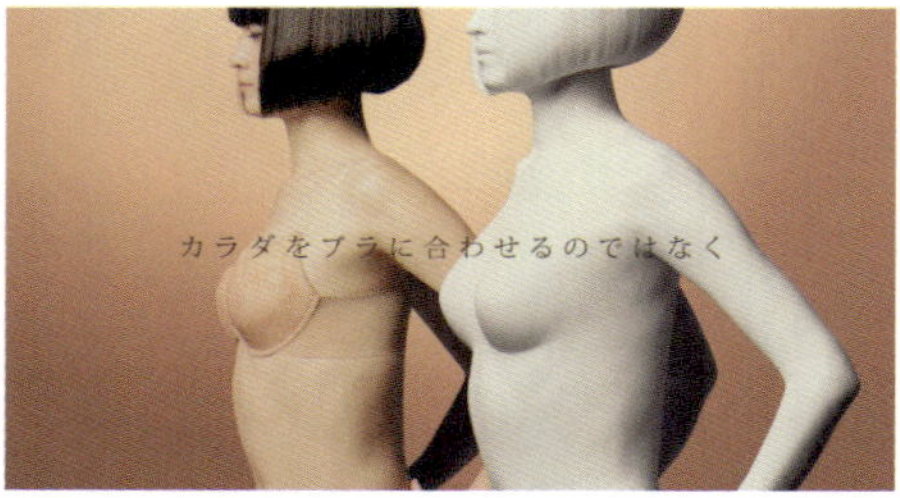

カラダをブラに
合わせるのでなく、

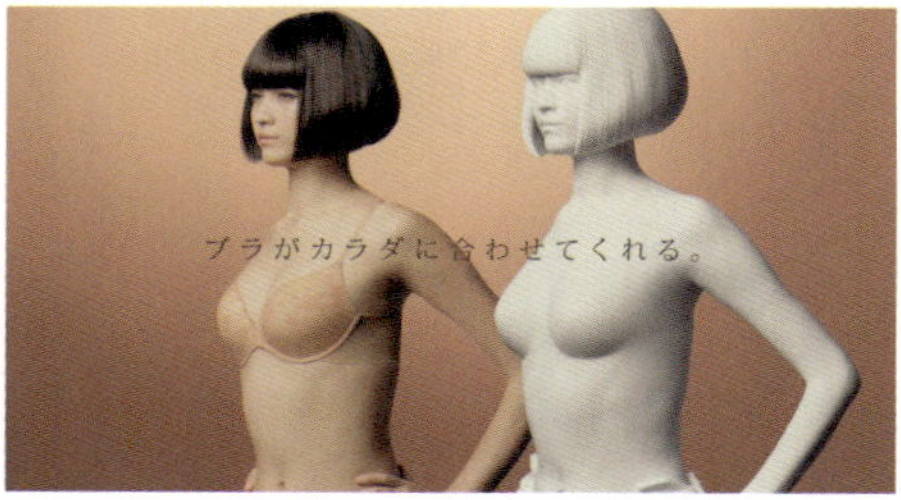

ブラがカラダに
合わせてくれる。

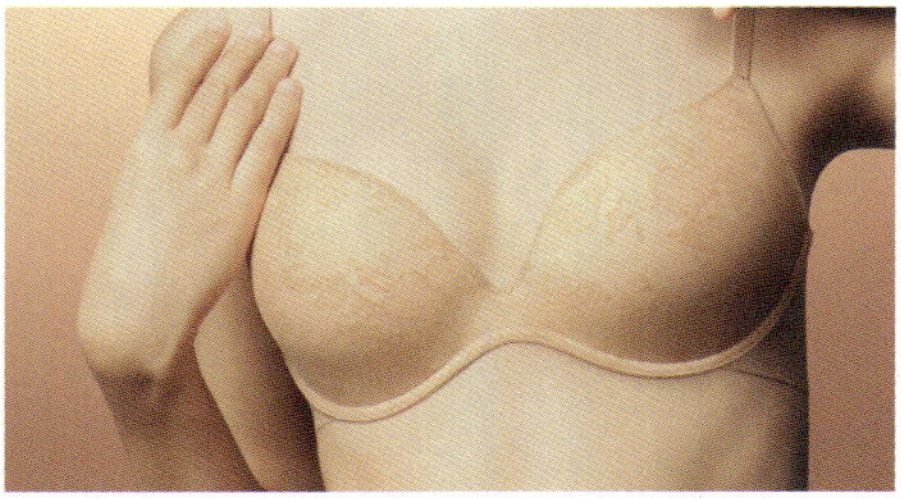

3D 同化フレーム

ハダカを超える。
「ＳＵＨＡＤＡ」

ワコール♪

■SUHADA　春 TV-CM

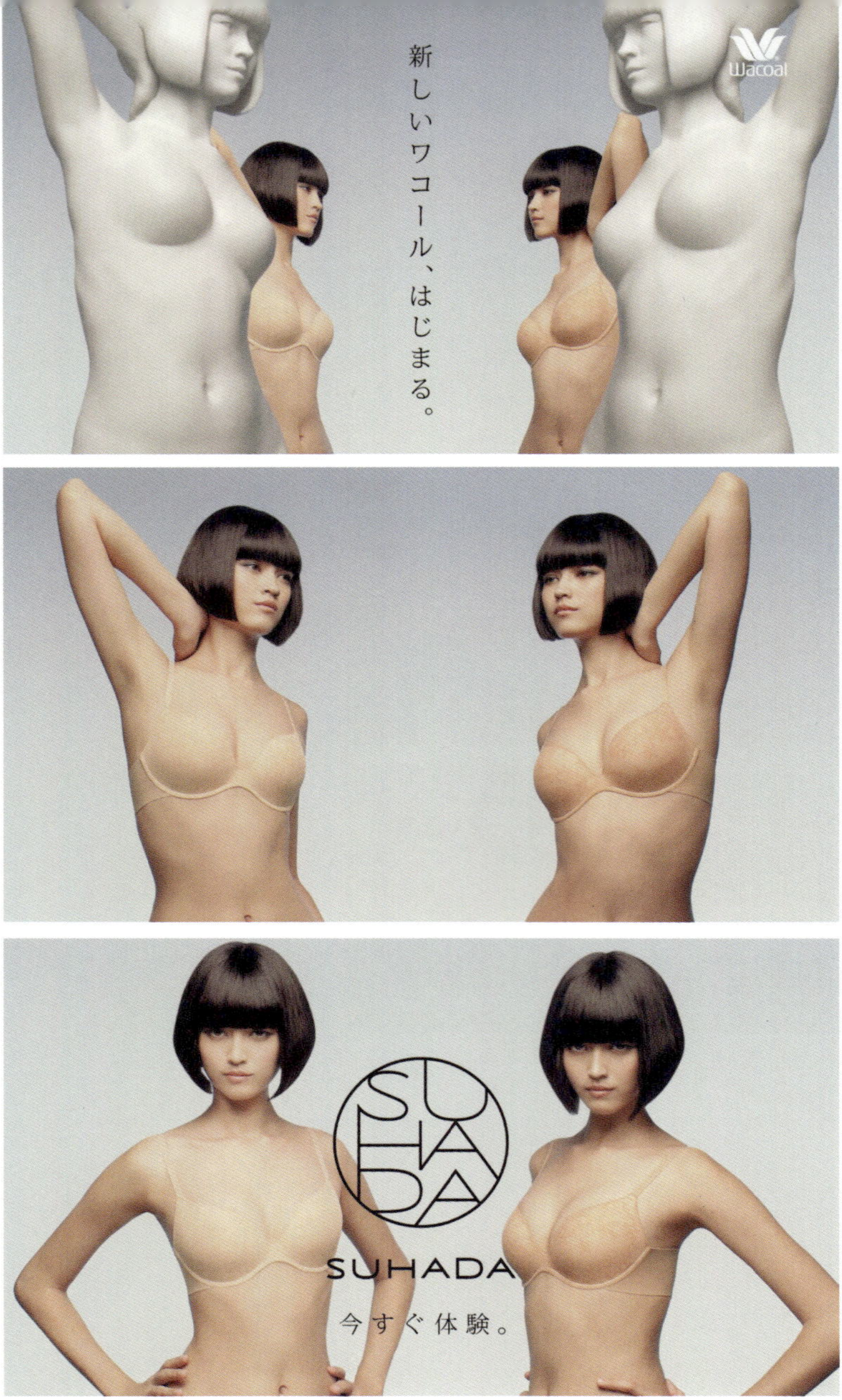

■ＳＵＨＡＤＡ　夏 TV-CM [2016.5 月～オンエア]

僕は、前職の伊勢丹で店頭に立ち、販売をしながら数々のベストセラーが生まれる瞬間を見てきました。しかし、多くのベストセラーが、必ずロングセラーになるとは限りません。一握りのベストセラーの中で長年継続して売れ続けるものは、さらに一握りなのです。

しかし、そんな一握りのロングセラーに共通していることは、その多くが商品名・ブランド名が誰にでも覚えやすく、記憶に残りやすいということです。つまりロングセラーを目指すためのネーミングの設計には、シンプルさも重要なのです。

広告はときに、新しさを感じさせたいばかりに、奇をてらったネーミングや凝った言い回しをしがちになります。しかし覚えにくく難しいネーミングであるほど、一般大衆に定着させるための広告宣伝費が、比例的に増えていきます。

ロングセラーにするためには、覚えやすさを重要視しながら、無理のある差別化をしないことが重要です。そして商品の本質的な価値を、いつの時代にもエンドユーザーにわかりやすく伝え続けられるようなネーミングでなくてはなりません。そのために必要なことは、価値の本質を慎重に見極め、まっすぐに引き出し、言葉にすること。

中長期的な視点で、長く愛され続けるブランドになっていくために、僕たちが提案したネーミングは、『SUHADA』。誰もが知っている言葉であり、すっきりと心地のよい響きを持つこの言葉に、新商品ブラジャーの未来を委ねました。

場の即興性と柔軟性がプレゼンに一体感をもたらす

僕がプレゼンで大切にしていることに、「即興性」と「柔軟性」があります。
聴衆は、極端に言えば目の前で資料が棒読みされるような、あらかじめ準備されたものが淡々と進む状況に最も退屈します。その一方で、目の前でものごとが起こっているリアル、先が読めない即興的なプレゼンは退屈とは無縁であり、大きな期待を集めます。

そうしたプレゼンは柔軟であり、聴衆と一体になって場が盛り上がります。

これらを引き出す上で重要なのは、〝場〟の温度管理です。会場や目の前の人が温まっていないところで熱いストーリーを展開しても、うまくいきません。やはり面白いアイデアを話そうとするのであれば、その場が笑いに包まれていた方が話す側にも聞く側にも、受け取りやすいわけです。

場の温度のお話をするとき、僕がいつも例に出すのが「ドリフのアハハ」です。志村けんや加藤茶からなるザ・ドリフターズのコントではいつも、視聴者が笑うポイントにバックで笑い声が流れます。アメリカのコメディなどでも多用されている効果です。

ドリフのアハハがあるものと、ないものを見比べてみると、とても同じコンテンツだとは思えないでしょう。笑い声で温まった会場で面白いことが起きているから、テレビを挟んだお茶の間でもついつい笑ってしまう。場が、どのように情報を受け取ったら良いかを聴衆に伝えているのです。

さすがにプレゼンでドリフのアハハを効果音として入れるのは難しいですが（入れても良いかもしれませんが）、代わりに前半でできるだけ多く笑わせるということを僕は大切にしています。何もドリフのようにハイレベルでなくとも、ちょっとしたオチのある話をして、少し笑いが取れれば良いのです。それによって聞き手が「この人の話はここで笑えばいいんだな」と分かれば、その後も話がしやすくなります。

それに、早めに嫌われるよりは好かれたほうが良いものです。笑いは、人間の喜怒哀楽に非常に強い影響を及ぼします。笑っている人や、こちらから笑いかけたくなる人は、まず敵とは思えないものです。

そうして場が〝乗って〟くると、話し手も即興性が豊かになって、うまく話せます。ふと良い例が浮かんで「実は昨日こんなことがありました」と口にするようになったり、会場の前列にいる人に質問を投げかけたりできるようになります。

こうした即興性のあるプレゼンは柔軟性に富み、見ている側も面白い。そこには一種のチームワークが生まれていくのです。実はこの即興性と柔軟性によって士気と戦力を高めているのがアメリカンフットボールなのです。

僕は大学時代にアメリカンフットボールのキャプテンをやっていたのですが、アメリカンフットボールには「ハドル」というものがあります。これはフィールド内で、次のプレイを決める作戦会議を指します。試合中に「トゥース！」と掛け声がかかればチーム全員が、その声の主のもとへ全速力で駆け付け、何らかの作戦を共有します。

アメリカンフットボールは、1プレイ毎にオフェンスもディフェンスも、戦略を細かく講じながらゲームが進みます。そのルールの性質上、試合中に何度もチームメンバー全員が集まって、次の一手の指示をキャプテンから受けるのです。

このハドルには作戦会議だけではなく、チームメンバーのムードをコントロールする役割もあります。試合の流れに合わせて、チームの喜怒哀楽のすべての感情をうまく操ることで、結束力を高め、勝機を導いていくわけです。僕はキャプテンだったのでまさにこのメッセージを伝える役目だったのですが、ここでの経験から、プレゼンにおける即興性と柔軟性の基礎を学んだように感じます。

アメリカンフットボールは勢いのあるスポーツですが、いつでもなんでも「行くぞオラーッ！」ではダメなのです。勝つためのムード作りには、みんなの気持ちを鼓舞するだけでなく、リラックスさせたりすることも必要なのです。

たとえば攻めても攻めてもうまく逆転のチャンスがつかめず、時間だけが過ぎているときにはチームのみんなが苛立ってしまいます。走り続けて呼吸も苦しく、休憩時の視線は地面ばかり見がちになります。そうしたときに、勢いだけの掛け声では意味がありません。より一層焦ってチームがバラバラになるだけです。こうしたときには、タイミングを見計らって、

「おい！　全員一度空見ろ」

とか言ったりするのです。チームは一瞬、「え、なにそれ？」「なに言ってんの？」「キャプテンどうかしちゃったか？」という感じになるのですが、次の瞬間にはメンバー全員が真っ青な空を見上げます。全員が空を見ているのを確認して、キャプテンがメッセージを伝えます。そのメッセージは、晴れ渡った空の中を流れる飛行機雲のように鮮明に、チームの心をとらえるのです。

ひとが何かのメッセージを受け入れられるかどうかは、そのメッセージが素晴らしいことはもちろんですが、メッセージの聞かせ方に意外性があるかどうかで、結果は大きく変わってくるということです。

ハドルの間は、わずか数秒。しかし、そのわずかな時間にも、ドラマがあります。チーム全員に、〝アガる気配〟を作りだすことが何より大切なのです。

伝え方とメッセージが正解であればチームから「ウオオオオオオ」と返ってきます。それはメッセージにみんなが〝乗れた〟証拠です。

刻一刻と変化する戦況を見ながら、即興的にメッセージを伝えてみなを乗らせる。これが試合中に何度も行われます。このように、作戦を全体に共有しながら柔軟にプレイすることによって、アメフトは戦われているのです。

こうした即興性と柔軟性がプレゼンの中で生まれれば、聞き手であるクライアントとの一体感が生まれる。同じゴールに一緒に行こうという気持ちこそが、プレゼンにも勝利をもたらします。

5F

広告で
人を幸せにする方法

Depart.

「僕が広告を好きなのは、正解がないからなんです」

これは僕の尊敬するアートディレクターが言っていた言葉です。この言葉と出会ったのは、僕が広告会社に転職したばかりの頃でした。当時の新鮮な気持ちとともに、僕はこの印象的な言葉を記憶しています。

彼は、グラフィックデザインの制作会社に在籍している、豊富な業務実績を持ったベテランのアートディレクターです。管理職の立場でもあり、彼の部下には若いデザイナーたちがたくさんいます。

彼にとって、この仕事の醍醐味は、みんなで集まって各自のアイデアを出す、企画会議の時間なのだそうです。

みんながひとつの案件に向かい、自分の生活の中でそれぞれに頭を悩ませる。アイデアが浮かんでは、検証し、また消してつくり直しを繰り返す。そうしたプロセスを経て、それぞれに自分が考えたクリエイティブのアイデアを持ち寄る企画会議。僕にとっても今や日常の風景です。

この場では、いくつものアイデアが卓上に並びます。独特の視点を持ったユニークなアイデアに、どこかで見たことのあるアイデア、お世辞にもいいとは思えないけれど、みんなが大笑いするようなアイデア、クライアントの意向とは180度違う、しかしある種の〝熱〟を持ったアイデア…。

彼のようなアートディレクターは役割上、数々のアイデアを選抜し、チームとして、最終的にひとつのアイデアに絞り、案件の課題をクリアするクリエイティブをつくらなければなりません。彼は案件を「登山」にたとえ、「人間それぞれに登り方が違うんだなぁ」と、集まったアイデアを見ていつも実感するといいます。そのとき、広告の仕事の醍醐味を深く感じるのだそうです。

最終的に選ばれたアイデアは、その案件を〝登る〟ためのひとつの正解ではありますが、最初から選ばれるべき登り方（＝アイデア）だったのではなく、ましてや他の登り方に可能性が全くなかったわけでもない。山が違っていれば、他の登り方が正解になっていたかもしれないのです。

選ばれたアイデアは、スタッフみんなで案件の山を登った結果として見出されたもの。つまり広告のクリエイティブ制作は、アートディレクターを含む、すべての参加クリエイターが一丸となって、正解のない問いを登り詰めるプロセスによって成り立っているということです。

Depart.という組織をまとめるクリエイティブディレクターになった僕は、彼の言葉を何度も思い出します。この章では、僕たちの「正解のない問い」への登り方についてお話ししたいと思います。

幸せなチームこそが、世の中を変える

僕は百貨店で、売り場に立ち続けました。そして今は広告会社でクリエイティブディレクターとして広告を毎日作り続けています。

2つの仕事に共通することは、どちらも創造的な仕事であるということ。そして、いつもあらかじめ決まった正解がない仕事だということです。

創造的な仕事は、「正解を探し出すのではなく、作り出す」というプロセスと不可分です。つまり、常にやってみなければ分からない戦いを強いられるということです。

この戦いに勝ち続けるための強いチームに必要なことは、チームみなが幸せを感じて仕事をしていけるムードです。

「正解をつくる」と言うとかっこいいですが、現実は想像以上に過酷なものです。広告の正解は、エンドユーザーの好き嫌いにも左右され、その評価指標も時代や環境によっ

て変わってくるからです。

仮に「1＋1＝2」になることが決まっていて、答えの2を出すためにどんな計算をすればいいかを考えるだけならば、まだ計画的にことは運びます。しかしクリエイティブの現場では、言ってみれば「1＋1＝3」「1＋1＝4」といったことが何万通りも起こり、「一体どういう計算をしたらこんな答えが出るんだ…？」と頭を抱えることの連続なのです。

広告クリエイティブは、マーケティング戦略を表現したものではあるけれど、見る人の千差万別の好みによって受け取り方が左右される、非常に気まぐれな性質を持っているのです。

そうした中でも、結果に先回りしてどんな計算をするかを決めなければいけない。これがクリエイティブディレクターの仕事の難しさです。ほんと、タイムマシンがあればいいなといつも思います。

そうした仕事をしていくにつれ、クライアントやエンドユーザーはもちろん、制作チームの自分たちも、仕事に幸せを見出していくこと。それこそが、クリエイティブディレクターの真の仕事なんじゃないか、と僕は考えるようになりました。

これは部活におけるチームづくりに似ています。誰しも中学生・高校生時代に一度や二度は部活に入ったことがあると思います。いろんな思い出があるものですが、部活のいい思い出として覚えているのは、なんだか楽しい、わくわくするような、ちょっと言葉にできないムードそのものだと思います。

もちろん戦績も大切です。試合に勝っている時はやはり楽しい。しかし多くのスポーツの部活には、レギュラーになれる人となれない人がいます。このとき、レギュラーになれなかった人も、本当に試合を楽しんでいるかどうかが、時にチームにとっては戦績よりも大切なことであることを、感じられたことがあると思います。

そうしたチームのムードは必ず、見ている観客側にも伝わります。もちろん大会で優勝できれば素晴らしいですが、試合の結果はどうあれ「いい試合だった」という気持ちを、そこにいる全員が持ち帰ることができる。素晴らしいことだと思います。

僕は広告のクリエイティブでも、信念といえば大げさですが、すべてのプレーヤーが幸せになる仕組みこそを大切にしたいと思います。クライアントはもちろんですが、その仕事に関わることになった社内外のスタッフ全員が楽しめるということ。みんなを楽しくさせるクリエイティブディレクターでありたいと思っているのです。

「なんだ精神論かよ」と言われそうですが、僕は人の楽しさから生まれていないソリューションは、どこか未成熟なものになる、と百貨店で売り場に立っていた頃の経験からも思います。

広告制作チームのクリエイターみんながアイデアを持ち寄る企画会議では、毎回、何十案ものアイデアが出てきます。

いいアイデアだが、どこかで見たようなありきたりなもの、その一方でユニークすぎて理解できないもの、はたまた良さが分からないもの、いろんなアイデアがずらりと並びます。その中から優秀なものをなんとか選び出すことは、もちろん苦悩はあるものの、それほど大変なことではありません。難しいのは、そこに参加した全員が「この仕事に関わってよかったな」と思えるムードをつくるということです。

アイデアには、選ばれるものとそうでないものがあります。選ばれなかったアイデアに可能性がなかったわけじゃないし、クリエイターに才能がなかったわけでもない。頭でそう分かっていても、やはり自分が出したアイデアが選ばれなければ、悔しいものです。

それに、時には自分が出したわけではないアイデアのブラッシュアップをしなければならないことにもなります。クリエイターというのは、良くも悪くも個性が強い。嫉妬深い生き物で、なかなか自分の負けを認められません。自分のアイデアが採用されなければ、やっぱりつまらないのです。ましてや、自分のものではないアイデアのブラッシュアップをする企画会議に加わることは、ときにはストレスにもなり得る、非情な時間なのです。

「すぐれたアイデアを出せないのは個人の責任だ。努力しかない」そんな根性論は僕も嫌いではありません。個人の努力はもちろん必要です。僕もそうしてきましたから。しかし、他より常に優れていなければ生き残っていけないチームは、個人の力を十分に引き出すことができるでしょうか？　周囲がみな、自分のライバルと思いながら、チームワークを機能させられるでしょうか？

このムードを変えられるのが、クリエイティブディレクターです。たとえば、そのままでは採用できなくても、「今回の案件では難しいけどさ、こっちで使ってみない？」と、アイデアに〝芽〟を見つけ、後にうまく開花させられるかどうかで、クリエイターが仕事に対して幸せな気持ちを持って臨めるかが変わります。

また、クリエイターを幸せにするためには、クリエイターの個性や、思考の特性を把握する必要があります。たとえばクリエイターには、「ど真ん中」と「端っこ」のアイデアを出すタイプがいます。「ど真ん中」のクリエイターのアイデアは、分かりやすくて良い反面、意外性を欠く傾向が、「端っこ」のクリエイターは個性的な反面、小技重視でインパクトに欠ける傾向があります。この両者は普段、影響を受けているカルチャーなどの、いわゆる〝生息地〟が違うために相容れませんが、コラボさせてみると面白いアイデアが生まれることもあります。もちろん、うまくいかないこともありますが、コラボすることでお互いの長所・短所を共有でき、意外といいコンビになることもあります。

その場のアイデアだけなく、今後のために。企画会議はアイデアを収穫するためだけの場ではなく、クリエイターを育てる場でもあるのです。企画会議を通じて刺激を与え、成長の機会を与えていく。そうしたこともチームを幸せにするために必要なことです。

広告にせよ百貨店の売り場にせよ、動いているのは人です。商品をつくりだすのも人、「この商品をもっと売りたい」と考えるのも人、「この商品が欲しい」と思うのも人です。人と人の繋がりの中で生まれたものを広告するとき、そもそも、つくっている人も、広告している人も、そして買った人も全員が楽しいと思えないソリューションというものは、そもそもパワーがない。

みんなが楽しくなれるムードこそが、世の中を楽しくさせることができると僕は信じています。

広告の価値は、どれだけ好きになれるかで決まる

広告制作を通じて、みんなの幸せを設計するのがクリエイティブディレクターの仕事だとするならば、それを実現するためにもうひとつ大切な仕事があります。担当する商品・サービスについて、誰よりも深く考えなくてはならないということです。

正解のない広告作りだからこそ、クリエイティブディレクターは、誰よりも広告する商品やサービスのことを考え、好きにならなくてはいけない。そうしなければ見えてこ

ないことがたくさんあるからです。

好きになろうとすればするほど、商品の嫌いなところが見えてくることもあります。しかし、それが新しいコミュニケーション開発の糸口になる瞬間だってある。好きになる努力は常に、クリエイティブディレクターに、新しい発見をもたらしてくれる。広告するものを好きになることは、クリエイティブディレクターを名乗るための「責任」でもあると僕は思います。

今まで、僕が誰よりも正しい答えを見つけてこられたかは、正直分かりません。しかし、せめてその商品を好きになるために費やした時間や熱量だけは、プロジェクトに関わる誰にも負けないスタンスで向き合うべきだと、僕は考えているのです。

広告は、モノを広く知ってもらうこと。モノに対して考えが深まっていない人が作る広告は、結局、世の中で広がらないはずです。

また、コミュニケーションの仕事をする以上、結局は「人との繋がり方」が大切だと思います。いい仕事をしたければ、プロジェクトに関わるすべての人をできるだけ、好きになろうとすること、いいところを見つけようとすることです。これはとても難しいことですし、もちろん人間同士だから、折り合いがつかない、意見が衝突しやすいこともあるでしょう。

しかし、常に同じ課題に向き合っている仲間だという意識を持つことが大切です。互いに意見を主張しながらも、繋がり合える落としどころを探すために努力をする。それは、妥協案や折衷案をつくる作業ではありません。お互いのコミュニケーションを深める作業です。少し面倒でも、そのプロセスの中で意外な視点や発見も生まれます。

広告はひとりでも多くの人に愛されるべく存在します。広告が生まれる過程においても、多くのメンバーの心で繋がった広告はきっと強く、価値のあるものだと僕は考えています。

3つの約束

Be customers.

Be specialists.

Be entertaining.

最後に、僕たちDepart.の約束についてお話ししたいと思います。

「Be customers.」は、クライアントと同じく、エンドユーザー視点を徹底的に大切にするということです。スペシャルアドバイザーのスキームも、エンドユーザーの満足を最大限に大切にしたいという気持ちが根底にあります。まさに、お客さまのためにどこまでできるか。それが僕たちの挑戦なのです。

続いて「Be specialists.」は、自分たちが扱うモノやコトについて、必ずスペシャリストになる、という約束です。スペシャルアドバイザーとして参加していただく有識者たちの力によってこの約束を果たす、という意味もありますが、自分たちもそうした有識者の知見をしっかりと吸収して、スペシャリストとして成長し続ける、という気持ちも込められています。

そして最後の「Be entertaining.」は、関わる全ての人たちの気持ちをハッピーにしたい、という約束です。数値化できない、答えがない、受け手によってさまざまに感じる広告だから、クリエイティブの生まれ方も決め方も、そしてクライアントへ伝えるときも、みんなが「よかったな」「楽しかったな」と思える伝え方をしないといけない。そうすればクライアントも、「これだったらエンドユーザー、みんなが幸せになるな」

と思ってくれる。そんなサプライズを仕掛けていきたいというのが、最後の約束である「Be entertaining.」には込められています。

僕は仮に、ものすごく素晴らしいクリエイティブが生まれたとしても、それが生まれるプロセスにおいて関係者の間にギスギスした空気があったなら、そのクリエイティブを好きになれないタイプです。

「楽しい」と多くの人に思ってもらえるクリエイティブは、企画会議の机の上の人間関係からすでに始まっていて、ユーザーの目に触れるまでずっと続きます。エンドユーザーの満足を得るために全ての行動・判断はあり、楽しく幸せにつくっていくことで、きっと多くの人を幸せにできる力になるはずです。また、そうした積み重ねこそが次の仕事を生んでいくのだと思います。

仕事をご一緒する全ての方々の気持ちをハッピーに。僕たちDepart.はそうしたクリエイティブを目指しています。

Depart.

Be customers.

For us customers are the end-users.
At all times we must strive to feel
what they are feeling.

Be specialists.

We will be specialists in
each category we cover, discovering
new methods for deep understanding.

Be entertaining.

Working on projects together
should be enjoyable and,
quite simply, a very happy experience.

Special Thanks to,

Kazuhiko Yoshida,Keisuke Kobayashi,

Akihiko Mori,Tomomi Fuwa,

Maki Oonuma,Ayano Sato,

Masahiro Nishikawa,

and all members of Depart.

And on top of everything,

the biggest thanks to my loving family.

PROFILE

Depart.

クリエイティブディレクター

髙橋宏之

HIROYUKI TAKAHASHI

1971年生まれ。株式会社伊勢丹から、株式会社東急エージェンシーへ。

エンドユーザーやブランドの動きを実際の売り場で分析してきた、自身の経験を活かしながら、現在はクリエイティブディレクターとして、コンセプト設計、商品開発やブランディング、コミュニケーション戦略の構築をおこなう。

お買い物の本能で広告をつくる。

発 行 日	2016 年 4 月 4 日
著　　者	髙橋 宏之 (Depart.)
発 行 者	東 英弥
発 行 所	株式会社宣伝会議 〒107-8550 東京都港区南青山 3-11-13 電話 03-3475-3010（代表） http://www.sendenkaigi.com/
装釘	不破 朋美（POWDER ROOM）
本文デザイン	不破 朋美 大沼真紀 佐藤彩乃（POWDER ROOM）
表紙カバーイラスト	わたなべろみ
帯・中頁イラスト	大沼真紀（POWDER ROOM）
印刷・製本	中央精版印刷株式会社

ISBN978-4-88335-336-1 C2063

©2016 Sendenkaigi

Printed in Japan
無断転載禁止。乱丁・落丁本はお取り替えいたします。